INFORMATIK 1

Natur und Technik
Informationsdarstellung

Autoren
Peter Brichzin (Ottobrunn)
Ulrich Freiberger (München)
Klaus Reinold (München)
Albert Wiedemann (München)

Berater
Prof Dr. Ralf Romeike (Erlangen-Nürnberg)

Oldenbourg Schulbuchverlag, München

Autoren:	Peter Brichzin, Ottobrunn
	Ulrich Freiberger, München
	Klaus Reinold, München
	Albert Wiedemann, München
Berater:	Prof Dr. Ralf Romeike, Erlangen-Nürnberg
Redaktion:	Dr. Hans-Peter Waschi, Wolnzach
	Dr. Lutz Engelmann, Berlin
Illustration:	Johannes Langemann, München
Technische Zeichnungen:	Ingrid Schobel, Hannover
Umschlaggestaltung:	Corinna Babylon, Berlin
Layout und technische Umsetzung:	CMS – Cross Media Solutions GmbH, Würzburg

www.oldenbourg.de

1. Auflage, 2. Druck 2018

Alle Drucke dieser Auflage sind inhaltlich unverändert
und können im Unterricht nebeneinander verwendet werden.

© 2018 Cornelsen Verlag GmbH, Berlin

Das Werk und seine Teile sind urheberrechtlich geschützt.
Jede Nutzung in anderen als den gesetzlich zugelassenen Fällen bedarf der
vorherigen schriftlichen Einwilligung des Verlages.
Hinweis zu §§ 60a, 60b UrhG: Weder das Werk noch seine Teile dürfen ohne eine
solche Einwilligung an Schulen oder in Unterrichts- und Lehrmedien (§ 60b Abs. 3 UrhG)
vervielfältigt, insbesondere kopiert oder eingescannt, verbreitet oder in ein Netzwerk
eingestellt oder sonst öffentlich zugänglich gemacht oder wiedergegeben werden.
Dies gilt auch für Intranets von Schulen.

Druck: Firmengruppe APPL, aprinta Druck, Wemding

ISBN 978-3-637-02464-9 (Schülerbuch)
ISBN 978-3-637-02465-6 (E-Book)

PEFC zertifiziert
Dieses Produkt stammt aus nachhaltig
bewirtschafteten Wäldern und kontrollierten
Quellen.

www.pefc.de

Bildquellenverzeichnis 5
Vorwort 6

1 Information und ihre Darstellung 9

1.1 Viele Darstellungen 9
Aufgaben 13
Teste dich selbst! 16

2 Informationsdarstellung mit Grafikdokumenten 18

2.1 Objekte 18
Aufgaben 21
2.2 Dokumente und Dateien 24
Aufgaben 25
2.3 Objekte verändern mit Methoden 27
Aufgaben 30
2.4 Klassen 34
Aufgaben 37
2.5 Pixelgrafikdokumente 40
Aufgaben 44
Teste dich selbst! 49
Zum Weiterlesen
L1 Aus der Praxis: Architektin 51
L2 Als die Informationsmenge zu groß wurde 52
L3 Wie der Computer speichert 53
L4 Farbdarstellungen 54

3 Informationsdarstellung mit Textdokumenten 55

3.1 Auch Buchstaben sind Objekte 55
Aufgaben 60
3.2 Absätze bringen Übersicht 63
Aufgaben 66
3.3 Objekte und ihre Beziehungen 69
Aufgaben 73
3.4 Weitere Elemente in Textdokumenten 75
Aufgaben 76
Teste dich selbst! 79
Zum Weiterlesen
L5 Aus der Praxis: Autoren 81
L6 Textverarbeitung kommt aus dem Buchdruck 81
L7 Aus Buchstaben werden Zahlen 82

4 Informationsdarstellung mit einfachen Multimediadokumenten 84

4.1 Aufbau von Multimediadokumenten 84
Aufgaben 86
4.2 Einblenden von Objekten 87
Aufgaben 88
4.3 Projekt – Eine Präsentation erstellen und vortragen 89
Aufgaben 90
Teste dich selbst! 91
Zum Weiterlesen
L8 Aus der Praxis: Referentin für Öffentlichkeitsarbeit 92
L9 Die Zukunft 93
L10 Projekte planen – durchführen – präsentieren 93

5 Hierarchische Informationsstrukturen 94

5.1 Hierarchisch ordnen	94
Aufgaben	96
5.2 Bäume mit der Wurzel oben	97
Aufgaben	99
5.3 Dateien und Ordner	101
Aufgaben	106

Teste dich selbst! 108

Zum Weiterlesen

L11 Aus der Praxis: Systemadministrator	109
L12 Betriebssysteme	109

Werkzeugkästen zum Kapitel 2 111

W1 Aufbau der Oberfläche einer Grafiksoftware	111
W2 Objekte mit Methoden verändern	113
W3 Typische Klassen in einem Zeichenprogramm	115
W4 Namenskonventionen	116
W5 Aufbau der Oberfläche einer Pixelgrafiksoftware	118

Werkzeugkästen zum Kapitel 3 120

W6 Aufbau der Oberfläche einer Textverarbeitungssoftware	120
W7 Zeichen einfügen und löschen	121
W8 Zeichenattributwerte verändern	122
W9 Absatzattributwerte verändern	123
W10 Tabulatoren	124
W11 Typische Klassen in einem Textverarbeitungsprogramm	124

Werkzeugkästen zum Kapitel 4 126

W12 Erstellen einer Präsentation	126
W13 Vorführen einer Präsentation	127

Werkzeugkästen zum Kapitel 5 128

W14 Aufbau der Oberfläche eines Dateiverwaltungsprogramms ...	128
W15 Wichtige Methoden in einem Dateiverwaltungsprogramm	130

Lösungen zu „Teste dich selbst!" 131

Stichwortverzeichnis	136

Bildquellenverzeichnis

bpk-Bildagentur/The Metropolitan Museum of Art: **45 Mi.li.**; Peter Brichzin: **9 Mi.re.**, **16 Mi.re.**, **18 un.li.**, **18 ob.re.**, **18 un.re.**, **26 ob. li.**; Colourbox.com: **U1**; Creative Commons/https:// commons.wikimedia.org/wiki/Category:Creative_Commons_icons: **89 un.li.**, **90 ob.li.**; ddp images/360° CREATIVE/lev dolgachov: **92 ob.re.**; Erasmus-Grasser-Gymnasium, München: **12 un.li.**; Europäische Union: **39 un.re.**; Fotolia/bykobrinphoto: **42 un.li.**; Fotolia/Henrie: **94 Mi.li.**; Fotolia/Picture-Factory: **93 ob. li.**; Fotolia/ViennaFrame: **94 un.li.**; gemeinfrei: **48 ob.re.**, **76 un.li.**; Anna Grube: **27 ob.re.**; Image Source/Gregory S. Paulson: **53 un.re.**; Imago Stock & People GmbH/blickwinkel: **55 Mi.li.**; Interfoto/CCI: **53 ob.re.**; Sabine Jakobs: **109 ob. li.**; mauritius images/Alamy/janniwet wangkiri: **102 ob.li.**; mauritius images/Alamy/ Joe DeBiase : **81 un.re.**; mauritius images/United Archives: **76 Mi.li.**; Marie-Theres Okresek: **51 un.re.**; picture-alliance/dpa: **11 Mi.re.**, **53 ob. li.**; Klaus Reinold: **49 ob. li.**, **84 un.**, **87 ob.re.**, **91 un.re.**; Micha L. Rieser, Bern: **91 un.li.**; Ingrid Schobel: **85 un.re.**; Shutterstock/Jaroslava Nyvltova: **48 un.li.**; Shutterstock/katalinks: **43 ob. li.**; Shutterstock/Radu Bercan: **102 Mi.li.**; Shutterstock/Radu BercanVitaly Korovin: **102 un.re.**; Shutterstock/S-F: **94 un.li.**; Technische Universität München: **39 un.li.**; TransFair e.V., Köln: **48 ob.re.**; Albert Wiedemann: **47 Mi.**, **81 ob.li.**, **119 un.re.**

Vorwort

Liebe Informatikerin, lieber Informatiker der nächsten Generation,

Computer, Tablets, Smartphones: Sie alle sind aus unserem Leben kaum mehr wegzudenken. Einige von euch haben vielleicht schon viel mit den Programmen auf diesen Geräten gearbeitet, andere noch gar nicht. In diesem Buch versuchen wir beiden Seiten gerecht zu werden, indem wir euch informatische Konzepte vorstellen. Sie zeigen die Logik hinter den Programmen und sie werden euch helfen, wenn ihr später selbst in Beruf und Privatleben an unbekannte Programme herantretet. Auch die Chancen und Risiken, die sich durch die Informationstechnologie ergeben, werden thematisiert.

Aufbau des Buches

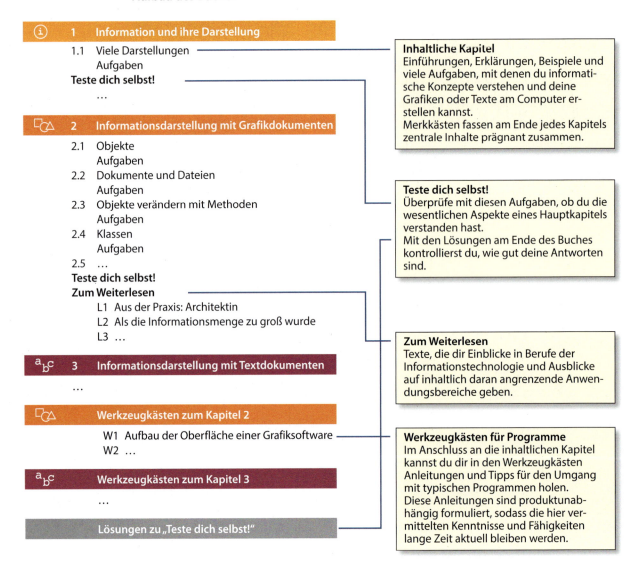

Verweise und Hinweise in der Randspalte

Unter der L-Nummer findest du einen Text zum Weiterlesen. → L2

In diesem Kapitel gibt es ein verwandtes Thema. → 2.2

Der Werkzeugkasten gibt Hinweise zur praktischen Umsetzung des Stoffes. → W8

Dateien als Vorlagen, die dir deine Lehrkraft zur Verfügung stellt bzw. die du aus dem Internet unter der Adresse www.informatikschulbuch.de herunterladen kannst.

Fragen im Text regen zum Innehalten und Nachdenken an. ?

Hinweise heben für das Verständnis wichtige Einzelheiten hervor, die nicht übersehen werden sollten. !

Ergänzungen zum Lehrplan, die den Inhalt unmittelbar weiterführen, aber nicht behandelt werden müssen. Sie beantworten jedoch interessante weiterführende Fragen. *

Besondere Aufgabentypen in diesem Buch

- **Lesen – Verstehen**
  Durch richtiges Lesen, genau in dem Tempo, das zu dir passt, kannst du dir selbstständig neue Welten erschließen. Dieser Aufgabentyp unterstützt dich durch Fragen dabei, Neues aus der Welt der Informatik zu verstehen.
  Beim Lesen haben sich die folgenden fünf Schritte bewährt:
  1 Verschaffe dir zuerst einen groben Überblick, indem du den Text überfliegst. Achte dabei auf Überschriften, Fettgedrucktes, Merkkästen und Bilder.
  2 Stelle Fragen, auf die der Text dir Antworten gibt.
  3 Lies den Text in einem zweiten Durchgang gründlich. Denke dabei an deine Fragen, damit du dir den Text zielgerichtet erarbeitest.
  Kleine „Sekundenpausen" sind erlaubt, damit du Neues bewusst aufnehmen kannst.
  4 Fasse nach jedem größeren Leseabschnitt den Inhalt in eigenen Worten zusammen.
  5 Gehe in einem Rückblick gedanklich noch einmal die wichtigsten Punkte durch.
  Kläre gegebenenfalls noch offene Fragen.

- **Entdecken – Verstehen**
  Diese Aufgaben beginnen mit einer praktischen Arbeit am Computer, beispielsweise eine Grafik erstellen oder verbessern. Oft werden dies deine ersten Schritte mit einem neuen Programm sein. Entdecke seine Möglichkeiten (und Grenzen) – die Werkzeugkästen helfen dir dabei!
  Die Aufgaben enthalten auch immer Fragen, die Anregungen geben, über die informatischen Konzepte in diesem Zusammenhang nachzudenken. Dies hilft dir, bei den nächsten Aufgaben – auch bei anderen Anwendungen – zielgerichtet Lösungen zu finden.

- **Forschungsauftrag**
  Spannende Spezialaufträge für Interessierte!

Die Symbole bei den Aufgaben geben dir eine Orientierung, welche Arbeitsweise zur Lösung erforderlich ist und welche Rolle die Aufgabe in deinem Lernprozess spielen kann.

Arbeitsweise	Beschreibung/Kompetenzerwartung
Recherchieren, Lesen	Durch Lese- und Rechercheaufgaben sollst du selbst Verantwortung für den Lernfortschritt übernehmen. Solltest du bei einer Recherche das Internet verwenden (z. B. eine Suche in einem Online-Lexikon), so besprich dein Vorgehen mit deinen Eltern oder deiner Lehrkraft.
Vernetzen	Vernetzung hilft dir, neue Inhalte mit anderen Bereichen und bereits Gelerntem in Beziehung zu setzen.
Kommunizieren	Zur Kommunikation gehören neben dem Dialog mit Mitschülern auch Vorträge und Erklärungen in schriftlicher Form.
Kooperieren	Arbeitet im Team, dadurch können eure Produkte vielseitiger, hochwertiger und umfangreicher werden.
Kreativ arbeiten	Die Aufgaben enthalten Anregungen, die du individuell ausgestalten kannst. Nutze den Freiraum für Originalität und eine persönliche Note! Vergiss jedoch nicht, dass zur Lösung der Einsatz von Konzeptwissen erforderlich ist.
Analysieren	Hier untersuchst du Sachverhalte und Dokumente mit dem Ziel, Strukturen, Verfahren und Zusammenhänge zu bestimmen.
Modellieren	Modellieren hilft dir, Probleme aus der Realität zu verstehen und Lösungen zu planen.
Mit Rechnereinsatz lösen/ implementieren	Löse mithilfe des Computers.
Handlungsorientiert (ohne Rechner) lösen	Hier darfst du auch aktiv werden, aber ohne Rechner. Ein typisches Beispiel sind Rollenspiele.
Reflektieren, Begründen	Wenn man eine Lösung gefunden hat und nochmals zurückblickt, was der Schlüssel dazu war, hilft dies nachhaltig, Kompetenzen aufzubauen. Damit kannst du dann zukünftig Aufgaben schneller und besser lösen. Ebenso entwickelst du dich weiter, wenn du Begründungen formulierst, warum etwas genau so ist und nicht anders.
Offene Aufgabenstellung individuell ausgestalten (Binnendifferenzierung)	Bei diesen offenen, meist auch etwas umfangreicheren Aufgaben hast du Freiräume hinsichtlich Lösungsweg und Ausgestaltung des Ziels. Dementsprechend wird es in der Klasse viele richtige, aber dennoch recht unterschiedliche Ergebnisse geben. Suche dir deinen Weg!

Wir wünschen euch viel Spaß im Informatikunterricht mit diesem Buch!

Peter Brichzin   Ulrich Freiberger   Klaus Reinold   Albert Wiedemann

1 Information und ihre Darstellung

1.1 Viele Darstellungen

Klassensprecherwahl in der 6a

Zu Beginn des Schuljahres wird in der Klasse 6a der Klassensprecher gewählt. Die Klassenleiterin fragt die Schüler nach Vorschlägen und schreibt die Namen der Kandidaten an die Tafel. So weiß jeder Mitschüler, wer gewählt werden kann. Es haben sich vier Kandidaten aufstellen lassen. In der geheimen Wahl schreibt nun jeder Schüler den Namen seines Kandidaten auf einen Zettel.

Durch die Auszählung werden die **Informationen** auf den einzelnen Stimmzetteln zusammengefasst, also **verarbeitet**, sodass am Ende das Gesamtergebnis der Wahl in einer Strichliste an der Tafel steht. In Abbildung 2 kannst du noch andere Möglichkeiten sehen, das Wahlergebnis darzustellen.

1 Wahlzettel

Tabelle (Strichliste)

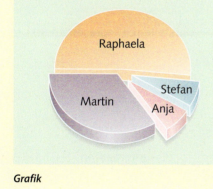

Grafik

Text / *Bild*

2 Ergebnisdarstellungen

Wer hat gewonnen? Wer belegt den zweiten Platz? Kannst du die beiden Fragen auch beantworten, wenn du entweder nur die Strichliste, die Grafik, den Text oder das Bild siehst? Aus welcher Darstellung könntest du die Frage beantworten, ob Raphaela sich über die Wahl freut oder nicht?

?

Nach der Klassensprecherwahl werden die **Informationen** über das Wahlergebnis weiterverarbeitet und in verschiedener Weise **dargestellt**. Sowohl aus der Strichliste, der Grafik, dem Text als auch dem Bild lässt sich auf einen Blick erkennen, dass Raphaela die Wahl gewonnen hat. Die verschiedenen Darstellungen beinhalten aber unterschiedliche Zusatzinformationen. Aus der Strichliste und der Grafik erkennst du, dass Martin den zweiten Platz

9

1 Information und ihre Darstellung

erreicht hat. Im Text kannst du lesen, dass die Wahl am 20. September stattgefunden hat, und auf dem Bild siehst du, dass Raphaela blond ist und sich freut.

? Die Strichliste (Tabelle) in Abbildung 2 (Seite 9) ist die Darstellung des Wahlergebnisses direkt nach der Wahl an der Tafel. Wo könnten die anderen Darstellungen verwendet werden? Welche Darstellungsform verwendest du, wenn du einem Mitschüler, der am Wahltag gefehlt hatte, vom Ausgang der Wahl erzählst?

Der Text könnte ein Artikel im Jahresbericht sein. Darin ist die Information über die Klassensprecherin der 6a dauerhaft **gespeichert**.

Bisher war mehrfach von „Information" die Rede, aber was ist Information eigentlich? Erklärt werden kann dies nur im Zusammenhang mit der *Darstellung* von Information: Der Wahlausschuss wandelt die vorhandene Information (das Ergebnis der Klassensprecherwahl) in eine passende Darstellung um (gesprochener bzw. geschriebener Text, Bild, Tabelle, Grafik, Wort, Film). Der Wahlausschuss ist Erzeuger einer Darstellung, um Information weiterzugeben. Die Nutzer (Mitschüler, Leser des Jahresberichts usw.) versuchen, aus den Darstellungen die für sie wichtige Information zu gewinnen. Information ist dabei die Bedeutung, die sich ein Mensch (Nutzer) aus den dargestellten Daten erschließt.

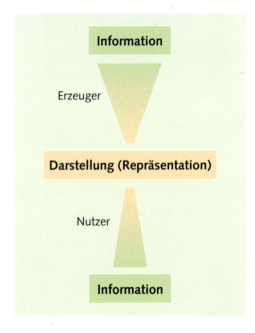

3 Trichtermodell der Informationsübermittlung. Links: Klassensprecherwahl; rechts: Verallgemeinerung

Je nach Ausführlichkeit und Art der Darstellung und eigener Erfahrung kann die Originalinformation mehr oder weniger genau wiederhergestellt werden. In Abbildung 3 ist links das Ergebnis der Klassensprecherwahl als Grafik (Kreisdiagramm) dargestellt. Nur ein Mitschüler, der diese Darstellungsform kennt, ist in der Lage, das Wahlergebnis zu lesen. Jedoch ist aus dem Kreisdiagramm zum Beispiel nicht ablesbar, welcher Schüler wie viele Stimmen erhalten hat. Die Trichter in Abbildung 3 deuten an, dass von der ursprünglichen Information durch die Darstellung meist etwas verloren geht. Daher kann das Ende des unteren Trichters nicht so breit sein wie der Beginn des oberen Trichters.

1.1 Viele Darstellungen

Der Wahlausschuss gibt hier Information an andere weiter. Erst dadurch wird sie für andere verfügbar und nützlich. Eine Kernaufgabe der Informatik ist es, die Weitergabe von Information durch die Bereitstellung möglichst geeigneter Darstellungsformen zu unterstützen.

> **Information** kann nicht direkt weitergegeben werden, sondern sie muss in eine **Darstellung** (→ Repräsentation) gebracht werden. Diese Darstellung wird an den Nutzer übermittelt, der dann daraus wieder Information gewinnt. Information ist die Bedeutung, die sich ein Mensch (Nutzer) aus der Darstellung erschließt.

→ Vertretung (für die Information)

Bundestagswahl

Bei einer Klasse mit 29 Schülern ist das Auszählen der Stimmen und das Ermitteln des Siegers kein Problem. Bei einer Bundestagswahl mit 62 Millionen Wahlberechtigten, die über ganz Deutschland verteilt sind, helfen vernetzte Computer: Die Ergebnisse der einzelnen Wahlbezirke werden damit schnell in ein zentrales Wahlbüro **übertragen**, wo sie ausgewertet werden. Es gibt auch Länder, in denen die Stimmenauszählung automatisch durch Maschinen vorgenommen wird. Voraussetzung für eine automatische, also von einer Maschine durchgeführte Auswertung ist eine genau vereinbarte Form der Darstellung, zum Beispiel ein Kreuz an einer der festgelegten Stellen. Das Endergebnis kann dann wie bei der Klassensprecherwahl auf verschiedene Arten dargestellt werden.

4 Stimmzettel

→ L2

Das Problem, dass große Mengen an Informationen nur mit maschineller Hilfe schnell verarbeitet werden können, beschäftigt die Menschen schon seit über hundert Jahren. Aus den Versuchen, dieses Problem zu lösen, ist die Wissenschaft der Informatik entstanden. So wie Biologen Lebewesen untersuchen oder Schreiner Holz verarbeiten, beschäftigen sich Informatiker mit Information. Neben den grundsätzlichen Ideen zur Darstellung und Verarbeitung von Information hat die Informatik auch die dafür notwendigen Werkzeuge (zum Beispiel Computer) entwickelt.

> Die **Informatik** beschäftigt sich mit den folgenden Fragestellungen:
> - Wie kann man Information so darstellen, dass sie für eine Maschine eindeutig ist (formalisierte Darstellung)?
> - Wie lässt sich Information verarbeiten?
> - Wie kann man Information dauerhaft speichern?
> - Wie lässt sich Information zwischen Maschinen übertragen?
>
> Das Wort Informatik ist zusammengesetzt aus **Infor**mation und Auto**matik**.

11

1 Information und ihre Darstellung

→ GUI (graphical user interface); Bedienung durch „Anklicken" von Symbolen

→ englisch application: Anwendung

Vielfältige Informationen – viele Programme

Computer, ob als Desktop, Laptop, Tablet oder Smartphone, finden fast überall Verwendung. Bei den heute typischen Computern mit grafischer → Bedienoberfläche werden die Werkzeuge für die verschiedenen Tätigkeiten, die **Programme** (auch → Apps), durch Klick auf das dazugehörige Symbol gestartet. Diese Symbole sind bei Tablets und Smartphones auf dem Startbildschirm dargestellt (Abbildung 5 oben), bei Desktopcomputern sind sie meist in Randleisten angeordnet (rechts für Ubuntu-Linux oder unten für Mac OS) oder in aufklappbaren Startleisten (links für Windows 10).

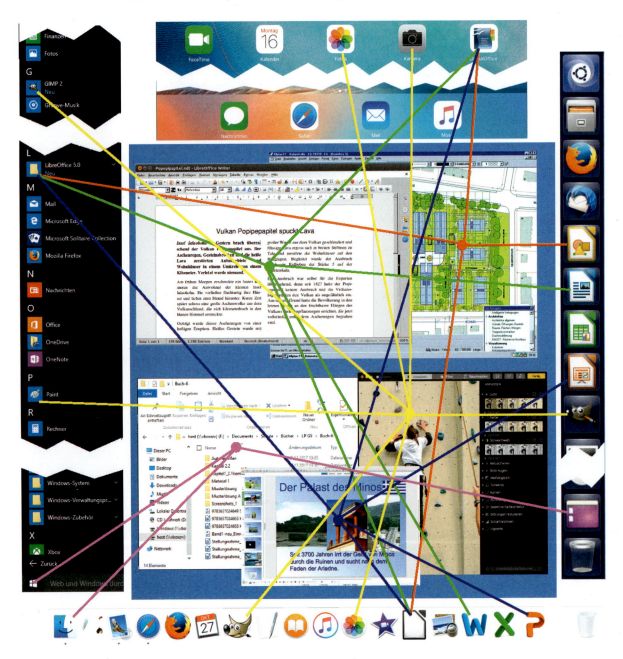

5 Typische Werkzeuge

12

1.1 Viele Darstellungen

Grafiken wie den Plan einer Neubausiedlung (Bildschirm oben rechts), kannst du mit einem Grafikprogramm erstellen.

Texte, beispielsweise die einer Zeitung (oben links), können mit einem Textverarbeitungsprogramm erfasst und gestaltet werden.

Bei der Erstellung eines Multimediadokuments, wie der Präsentation eines Reiseziels, helfen dir Präsentationsprogramme (unten Mitte).

Du wirst im Informatikunterricht viele Grafiken und Texte speichern. Um die gespeicherten Informationsdarstellungen zu ordnen, benötigst du ein Dateiverwaltungsprogramm (unten links).

Mit all diesen Programmen wirst du im Informatikunterricht arbeiten. Du wirst erlernen, wie man damit Informationen anzeigen, bearbeiten, übermitteln und speichern kann, und verstehen, wie sie arbeiten.

> Um am Computer mit Darstellungen von Informationen (Text, Grafik, Ton, …) zu arbeiten, benützt du spezielle Werkzeuge, die **Programme**. Diese erlauben dir, die gewünschte Darstellungsform anzuzeigen (zum Beispiel am Bildschirm oder am Drucker), zu bearbeiten, zu verändern, zu übermitteln (an andere Rechner oder an Geräte wie den Drucker) und zu speichern.

Aufgaben

1 Lesen – Verstehen
Im Vorwort ist beschrieben, welche „fünf Schritte" beim Lesen von Texten das Verständnis unterstützen. Lies entsprechend den Text des ersten Kapitels dieses Buches.
Folgende Fragen helfen dir, die Inhalte zu verstehen:
  a Betrachte Abbildung 2 (Seite 9): Nenne Informationen, die sich aus der Tabelle entnehmen lassen, aber nicht aus dem Text, und umgekehrt.
  Notiere Informationen, die nur das Foto enthält.
  Vergleiche die Strichliste mit dem Kreisdiagramm. Gib Informationen an, die in beiden Darstellungen enthalten sind. Erläutere, wann du die Darstellung als Strichliste vorziehen wirst und wann die Darstellung als Grafik.
  b Abbildung 3 zeigt das Trichtermodell zur Informationsübermittlung. Lies den zugehörigen Text genau und beschreibe in eigenen Worten, was das Modell aussagt.
  c Stell dir vor, du bist der Nutzer der Informationsdarstellung aus Abbildung 6. Kannst du Information aus der Darstellung gewinnen?
  Gib an, wie in einem Trichtermodell der untere Trichter zu dieser Situation gezeichnet werden sollte.
  Recherchiere die Bedeutung des Bildes.

6 Brailleschrift (Blindenschrift)

13

1 Information und ihre Darstellung

d In den Abschnitten „Klassensprecherwahl in der 6a" und „Bundestagswahl" findest du fett gedruckt, was man mit Information alles machen kann.
Vervollständige die Mindmap und finde jeweils selbst ein geeignetes Beispiel.

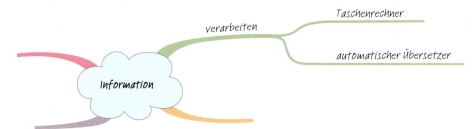

7 Mindmap zum Stichwort Information

e Im letzten Abschnitt des Kapitels (vor und nach Abbildung 5) ist von „Programmen" die Rede. Tausche dich mit deinen Mitschülern darüber aus, zu welchen Zwecken (Textverarbeitung, Grafik …) ihr welche Programme schon einmal benutzt habt.
Lies den Abschnitt und ermittle allgemein, wozu Programme dienen.

  2 Schilderwald
Viele der Schilder in der Abbildung 8 kennst du schon. Dem Betrachter der Schilder soll durch die grafische Darstellung eine Information weitergegeben werden. Versuche die Information der Schilder herauszufinden. Begründe deine Aussage.

8 Schilder

 3 Geheime Codes
An vielen Stellen in unserem Alltag begegnen uns „Codes", deren Information nicht sofort „entschlüsselbar" ist.
a Nenne jeweils einen Ort, an dem du die Informationsdarstellungen in Abbildung 9 schon einmal gesehen hast, und wozu die Darstellungen dienen. Falls du mehr darüber weißt, kannst du auch beschreiben, wie man sie entschlüsseln kann.
b Gehe selbst mit offenen Augen durch den Alltag. Bringe eine Informationsdarstellung mit, bei der man nicht sofort die Information nennen kann.

9 Codierungen

4 Wer sucht, der findet
An Hydranten kann die Feuerwehr im Brandfall dem öffentlichen Trinkwassernetz Wasser entnehmen. Viele Hydranten befinden sich unter einer Metallkappe im Boden. Um sie schnell zu finden, gibt es Hydrantenschilder, auf denen die Information über die Lage und die Art des Hydranten dargestellt ist.
Hinter dem „H" ist der Wasserrohrdurchmesser in mm und darunter die Entfernung in m angegeben.

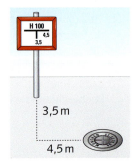

10 Hydrant

14

1.1 Viele Darstellungen

Versuche, mithilfe der Abbildung 10 herauszufinden, nach welchem Schema die Information über die Lage des Hydranten auf dem Schild dargestellt ist.
Suche in der Nähe deiner Wohnung ein Hydrantenschild und probiere damit den Hydrantendeckel zu finden.

5 Töne als Information
Auch Töne können Information darstellen. Beispielsweise informiert der Klang eines Martinshorns die Autofahrer, dass sie einem Rettungsfahrzeug Platz machen sollen.
a Nenne weitere Beispiele aus dem Alltag, bei denen Töne und Geräusche Informationen (oder Stimmungen) darstellen.
Tipp: Kino, akustische Anzeigen für Blinde, Straßenverkehr …
b Begründe für ein Beispiel aus dem Straßenverkehr, warum ein akustisches Signal sinnvoll ist.

6 Smileys
Ein Smiley ist die grafische Darstellung eines Gesichtsausdrucks. Es wird verwendet, um Information über Stimmungen wie „fröhlich" oder „traurig" weiterzugeben.
a Nenne den Gefühlszustand, der mit den drei Smileys dargestellt wird.
b Vergleiche deine Antwort mit der deines Nachbarn. Erkläre in ein bis zwei Sätzen, warum bei der Verarbeitung der Smiley-Information Unterschiede auftreten können.
c Zeichne mit einem Programm deiner Wahl selbst ein Smiley. Es kann deine gegenwärtige oder deine häufigste Stimmung darstellen. Beschränke dich zunächst auf Kopf, Augen, Mund und zwei kontrastreiche Farben. Füge dann noch eine „persönliche Note" hinzu – zum Beispiel Haare, die deiner Frisur ähnlich sind.

11 Eigene Smileys

d Nach der Anmeldung am Computer erscheint auf dem Bildschirm deine Benutzeroberfläche (→ Desktop), unter anderem mit Symbolen zum Starten von Programmen. Die Benutzeroberfläche hat ein Hintergrundbild, zum Beispiel eine einfarbige Fläche oder ein Foto. Dieses Hintergrundbild kannst du selbst gestalten und hinterlegen. Der Smiley aus c) eignet sich gut dazu, wenn du eine dunkle Hintergrundfarbe wählst und der Smiley nur einen kleinen Teil der Oberfläche einnimmt (Abbildung 11). Ändere deine Zeichnung aus c) so ab, dass ein geeignetes Hintergrundbild entsteht. Frage die Lehrkraft bzw. deine Eltern, ob du es als Hintergrundbild in der Schule bzw. zu Hause einstellen darfst.

→ engl. desktop: Schreibtisch

7 SOS
Nenne unterschiedliche Darstellungen für die Information „Ich brauche Hilfe!".
Tipp: Denke an einen Unfall in den Bergen, ein Seeunglück etc.
Welche Möglichkeiten zur Übermittlung der Information gibt es jeweils?

8 Viele Tätigkeiten, viele Werkzeuge
a Wie viele Werkzeuge zur Textverarbeitung findest du auf deinem Computer?
b Findest du auf deinem Computer auch Werkzeuge für Tätigkeiten, die in Abbildung 5 (Seite 12) nicht angesprochen werden? Wenn ja, welche Tätigkeiten sind das?

1 Information und ihre Darstellung

9 Missverständliche Darstellung von Information

Der folgende Witz zeigt, dass die Darstellung einer Information mehrdeutig sein kann. Schüler Tobias als Nutzer versteht die Information anders, als es vom Erzeuger, dem Lehrer, gedacht war.

Tobias kommt nach Hause und sagt zu Mama: „Morgen muss ich nicht in die Schule, ich habe frei." Mama fragt: „Wieso, was hat der Lehrer gesagt?" Tobias: „Als der Lehrer mit dem Unterricht fertig war, sagte er: ‚Für heute ist Schluss, morgen fahre ich fort!' "

Erkläre, an welcher Stelle des Informationsflusses es zu dem Fehler kam. Denke dabei an das Trichtermodell aus Abbildung 3 (Seite 10).

10 Forschungsauftrag

In diesem und vielen weiteren Kapiteln findest du Forschungsaufträge. Diese geben dir Anstöße und Anregungen, wie du dich intensiver mit einem Thema auseinandersetzen kannst. Dadurch kannst du allein oder in einem kleinen Team schlauer werden, aber auch – nach Rücksprache mit deiner Lehrkraft – deine Mitschüler in Form von Referaten, Postern oder Ähnlichem informieren.

a Nicht nur Menschen übermitteln Information, auch Tiere und Pflanzen tun dies. So drücken Wespen durch ihre gelb-schwarzen Streifen aus: „Ich bin gefährlich, halte dich fern!" Sammle weitere Beispiele dazu.

b Der Computer „kennt" nur die Ziffern 0 und 1, dennoch kann er die natürlichen Zahlen 1, 2, 3, … speichern. Finde heraus, wie das funktionieren kann. Nutze dieses System, um mit zwei Händen bis über Tausend zu zählen.
Tipp: In der Abbildung 12 zeigt uns Miro die Zahl 6 und die Darstellung der Zahl 4 finden Erwachsene nicht gut.

c In den USA fand im Jahr 1890 eine Volkszählung statt, bei der die Ergebnisse erstmals automatisiert gesammelt wurden. Finde heraus, wer hinter dieser Erfindung steckt und in welcher Form die Information gespeichert wurde.

12 Welche Zahl?

Teste dich selbst!

T1 Code knacken

Im Rätsel auf der gegenüberliegenden Seite sind die Buchstaben durch Zahlen (1 = P, 2 = O, …) codiert. Dahinter verstecken sich wichtige Begriffe der Informatik.
Knacke das Rätsel auf einem karierten Blatt und überlege zu jedem Begriff, was er in der Informatik bedeutet.

Teste Dich selbst!

				4					10				
	11	3	12	3	10	13	10	8	14	3	9		
				10					15				
				8					16				
	7	9	5	2	10	17	8	13	7	2	9		
				12					3				
19	8	10	6	13	3	18	18	3	9	10			
				7					6				
15	2	17	1	11	13	3	10		1				
			15	3					3				
		7	9	5	2	10	17	8	13	7	20		
									15				
					17	8	6	15	16	7	9	3	
									3				
					1	10	2	14	10	8	17	17	
									9				

T2 Witzig?
Erkläre mit Worten, wie es zu Fehlinformationen in den folgenden Witzen kommt. Zeichne einen Trichter wie in Abbildung 3 (Seite 10) und notiere darin die Information, die der Sender übermitteln möchte, die Darstellung sowie die Information, die beim Empfänger ankommt.

a Kommt ein Mann in den Eisenwarenhandel und sagt: „Ich hätte gerne 500 Nägel." „Wie lang wollen Sie die denn haben?", fragt der Verkäufer. „Ach, ich wusste gar nicht, dass man die sich auch ausleihen kann", meint darauf der Mann.

b

Anweisung an Bello   Bello gehorcht

T3 Nicht alles kommt an
„Eine Faustregel besagt, dass sich der Lernerfolg erhöht, wenn man beim Lernen mehr Sinneskanäle einsetzt. Beim Hören merkt man sich 20 %, beim Sehen 30 %, wenn man etwas sieht und hört 50 %, wenn man den Lernstoff sieht, hört und darüber redet 70 % und wenn man ihn sieht, hört, darüber spricht und selbst aktiv wird, 90 %."
Stelle die Information dieses Textes in einem Balkendiagramm dar. Formuliere Zusammenhänge zwischen dem Inhalt und dem Trichtermodell aus Abbildung 3 (Seite 10).

T4 Fragestellungen der Informatik
Womit beschäftigt sich die Wissenschaft Informatik? Nenne zu jeder Fragestellung zwei geeignete Anwendungsbeispiele – möglichst solche, die du selbst schon erprobt hast!

2 Informationsdarstellung mit Grafikdokumenten

2 Informationsdarstellung mit Grafikdokumenten

Du hast in der Einführung verschiedene Darstellungsformen für Information kennengelernt. Wir greifen als erste davon die Grafik heraus. Du wirst in diesem Kapitel Grafiken erstellen und bearbeiten und dabei lernen, wie sie aufgebaut sind.

2.1 Objekte

Grundstücksgestaltung in Infohausen

Die Stadt Infohausen will ein freies Grundstück bebauen und schreibt einen Architektenwettbewerb aus.
Jeder Architekt möchte, dass sein Vorschlag später verwirklicht wird. Deshalb muss er seine Idee (Information) möglichst gut und für die Stadträte aussagekräftig darstellen. Die vollständige Information darzustellen ist unmöglich, denn dazu müsste er die geplante Siedlung bauen. Außerdem möchten die Stadträte einen schnellen Überblick gewinnen. Deshalb fertigt er vereinfachte Darstellungen seiner Ideen an.

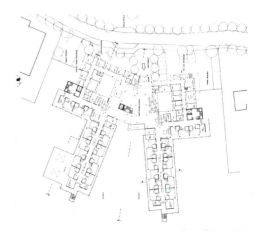

1 Grundriss 1. OG

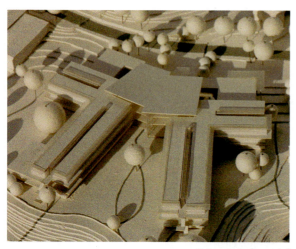

2 Landschaftsmodell

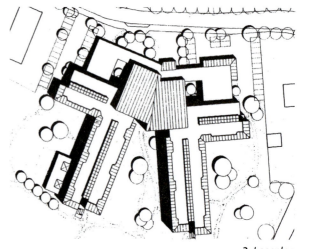

3 Lageplan

? Warum werden verschiedene Arten der Darstellung angefertigt? Für welche Zwecke ist der Lageplan am besten geeignet? Welche Objekte im Landschaftsmodell erkennst du im Grundriss wieder?

18

2.1 Objekte

Jede Darstellungsform enthält andere Teile der Gesamtinformation. Das Landschaftsmodell liefert einen sehr guten räumlichen Gesamteindruck der geplanten Siedlung. Der Grundriss enthält vielfältige und genaue Information über die Aufteilung im Gebäude.

→ L1

In Abbildung 4 siehst du die vereinfachte Form eines Lageplans. Du erkennst darin die Darstellung verschiedener **Objekte**, wie dreier Häuser und zweier Bäume.

Damit man über die Objekte sprechen kann, benötigt jedes einen eindeutigen Namen, den **Objektnamen** oder **Bezeichner** (zum Beispiel Ahorn, Buche, Haus11).

Objekte darstellen
Du kannst solche Pläne mit Grafikprogrammen auf dem Computer erstellen und bearbeiten.

Welche Grafikobjekte wurden in Abbildung 4 verwendet, um den Lageplan zu zeichnen?

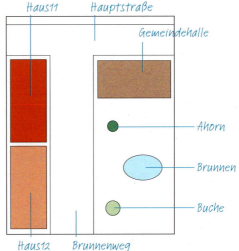

4 Vereinfachter Lageplan

Zur Darstellung des Objekts Haus11 kannst du ein Grafikobjekt der Art Rechteck verwenden, für das Objekt Brunnen eine →Ellipse. Zur direkten Darstellung des Objekts Hauptstraße gibt es in den meisten Grafikprogrammen keine geeignete Darstellungsform. Du kannst aber die Straßenränder durch Objekte der Art Linie darstellen.

→ In die Höhe oder Breite gezogener Kreis

Dein Lehrer, der am Computer den Grundriss zeichnen möchte, fragt dich, wie das Objekt Haus11 genau dargestellt ist. Was musst du ihm alles mitteilen, damit er ein gleich aussehendes Rechteck erstellen kann?

Wenn du ein Objekt beschreiben willst, so musst du seine charakteristischen Merkmale festlegen und für diese Merkmale Werte angeben. Das Objekt Haus11 ist unter anderem gekennzeichnet durch Breite, Länge und die Farbe seiner Fläche (Füllfarbe). Die Breite hat den Wert 1,0 cm, die Länge den Wert 2,2 cm. Die Füllfarbe hat den Wert rot. Um Verwechslungen mit der Umgangssprache zu vermeiden, sagen wir statt Merkmal →**Attribut** und bezeichnen den Wert eines Merkmals mit **Attributwert**.

→ lat. attribuere: zuschreiben

	Haus11	Haus12	Gemeindehalle
Attribute		Attributwerte	
Breite	1,0 cm	1,0 cm	2,0 cm
Länge	2,2 cm	2,2 cm	1,0 cm
Füllfarbe	rot	hellrot	braun

5 mögliche Attribute und Attributwerte der Gebäude

Welche Attribute und Attributwerte haben die Darstellungen von Buche und Ahorn?

19

2 Informationsdarstellung mit Grafikdokumenten

	Buche	Ahorn
Attribute	Attributwerte	
Radius	0,25 cm	0,15 cm
Füllfarbe	hellgrün	dunkelgrün
Randstärke	0,1 mm	0,1 mm

6 Mögliche Attribute und Attributwerte der Bäume

Die Objekte im Grundriss haben mehr Attribute, als in den beiden Tabellen aufgelistet wurden. Beispielsweise musst du für jedes Objekt angeben, an welcher Stelle es gezeichnet werden soll. Das Objekt benötigt hierzu ein weiteres Attribut Position. Wie in der Mathematik benutzt man zur Beschreibung der Position ein Koordinatensystem. Leider verwenden nicht alle Zeichenprogramme ein mathematisches Koordinatensystem mit dem Ursprung in der linken unteren Ecke und mit der Einheit Zentimeter. Du musst selbst überlegen, welche Koordinaten deines Zeichenprogramms den im Buch angegebenen entsprechen.

Objekte sind überall

In der Informatik werden auch Alltagsgegenstände als Objekte betrachtet. Beispiele dafür könnten das Auto mit dem Kennzeichen INF O 6 sein, Erika Mustermann mit dem Geburtsdatum 12.08.1984 und dem Beruf Grafikerin sowie der Kugelahorn mit dem Kronendurchmesser 2,5 m, der in Abbildung 4 (Seite 19) als Kreis dargestellt ist.

Grafikdokumente bestehen aus einzelnen Bausteinen, die in der Informatik als **Objekte** bezeichnet werden. Auch Personen und Gegenstände des täglichen Lebens sind Objekte.

Jedes Objekt hat einen eindeutigen Namen, den **Objektnamen** oder **Bezeichner**. Die Merkmale der Objekte nennt man **Attribute**. Den Wert eines Attributs nennt man **Attributwert**.

Kurze Angabe der Attributwerte

Wenn du jemandem am Telefon erklären willst, wie der vereinfachte Lageplan aussieht, sagst du sinngemäß: „Die Länge von Haus12 ist 2,2 cm." oder „Die Füllfarbe des Ahorns ist dunkelgrün." Jedes Mal musst du drei Dinge nennen, den Objektnamen (Haus12), den Namen des betroffenen Attributs (Länge) und seinen Wert (2,2 cm).
Damit wir für diese Angaben in Zukunft keine so langen Sätze mehr schreiben müssen, vereinbaren wir eine kurze und einheitliche Schreibweise. Solch eine Vereinbarung für eine Schreibweise nennt man **Notation**.

Folgende Schreibweise legen wir zur **Notation** der **Attributwerte** von Objekten fest:

Objektname.Attributname = Attributwert

Diese Schreibweise heißt **Punktnotation** oder **Punktschreibweise**.

Damit notiert dein Gesprächspartner den Inhalt des Telefonats kurz so:
   Haus12.Länge = 2,2 cm
   Ahorn.Füllfarbe = dunkelgrün

2.1 Objekte

Textfelder

Bei einem Grundriss ist es sinnvoll, die Straßen zu beschriften, zum Beispiel mit Brunnenweg oder Hauptstraße.
Hierzu gibt es eigene Objekte der Art Textfeld (Abbildung 7). Diese Objekte haben neben den schon bekannten Attributen wie Füllfarbe, LinienFarbe oder LinienStärke das weitere Attribut Text.
In Zukunft werden wir öfter Attributnamen aus zwei (oder mehreren) Begriffen zusammensetzen. Da Bezeichner keine Leerzeichen enthalten dürfen, ist es in der Informatik üblich, bei solchen zusammengesetzten Begriffen die Einzelbegriffe mit Großbuchstaben zu beginnen, zum Beispiel LinienStärke. Diese Art, Begriffe zu bilden, nennt man Kamelhöckerschreibweise.

Beschriftung1.LinienStärke = 1 Punkt
Beschriftung1.LinienArt = gestrichelt
Beschriftung1.Text = „Hauptstraße"

7 Textfeld zur Beschriftung

Aufgaben

1 Entdecken – Verstehen

   a Von deiner Lehrkraft erhältst du eine Datei mit Verkehrsschildern. Öffne sie mit einem Grafikprogramm und finde heraus, aus wie vielen Bestandteilen (Objekten) die Schilder jeweils bestehen.

   b Verbessere das erste Schild, indem du …
     – … den Rand beim Auto besser gestaltest (bzw. verschwinden lässt),
     – … den weißen Kreis in die richtige Position bringt.
   Tipp: Versuche die Positionsänderung durch die Eingabe von Koordinaten vorzunehmen (siehe Werkzeugkasten 1 und 2). Das ist oft genauer als ein Verschieben mit der Maus.

   c Zeichne selbst ein Schild in die Datei. Du kannst das Motiv frei wählen. Sollte es gut zum Computerraum passen, kannst du fragen, ob du es dort auch aufhängen darfst.

   d In b) und c) hast du Grafiken bearbeitet, die aus verschiedenen Bestandteilen (Objekten) zusammengesetzt sind. Nenne einige Attribute (Eigenschaften) dieser Objekte und aktuelle Werte dazu.

2 Lesen – Verstehen
Erinnere dich an die „fünf Schritte beim Lesen" aus den Aufgaben des letzten Kapitels.

   a Lies den Abschnitt „Grundstücksgestaltung in Infohausen". Finde heraus, weshalb es sinnvoll ist, eine Grafik in Objekte zu gliedern. Nenne Beispiele aus deinem Alltag, in denen du deine Umwelt auch in Objekte gliederst.

   b Finde heraus, weshalb es sinnvoll und notwendig ist, jedes Objekt eindeutig zu benennen. Schreibe die fettgedruckten Fachbegriffe in dein Heft und erkläre sie jeweils. Notiere zu einem Alltagsbeispiel aus a) geeignete Bezeichner zu mehreren Objekten.

   c Die Objekte in Abbildung 4 (Seite 19) unterscheiden sich nicht nur in ihrem Bezeichner. Gib mehrere Merkmale an, in denen sich Haus11 und Gemeindehalle unterscheiden. Ermittle in diesem Zusammenhang im Abschnitt „Objekte darstellen", was die Begriffe Attribut und Attributwert bedeuten.

Teilaufgaben d) und e): Siehe nächste Seite!

2 Informationsdarstellung mit Grafikdokumenten

d Im Abschnitt „Kurze Angabe der Attributwerte" wird die Punktschreibweise vorgestellt. Nenne Vorteile der Punktschreibweise gegenüber einer Beschreibung in ganzen Sätzen.

e Im Fach Deutsch erstellst du Personen- und Gegenstandsbeschreibungen. Um welches „Objekt" handelt es sich bei der Beschreibung unten?
Übersetze sie in die Punktschreibweise. Vergleiche die beiden Beschreibungen hinsichtlich ihrer Vor- und Nachteile.
„Er hat eine große Knollennase, einen roten Schnurrbart und rote Haare, die links und rechts zu einem Zopf geflochten sind. Auf seinem Kopf sitzt ein kleiner Blechhelm mit zwei Federn. Der Oberkörper ist unbekleidet. Seinen fülligen Unterkörper bedeckt er mit einer Hose mit blauen und weißen Längsstreifen, die von einem grünen Gürtel mit Goldknöpfen gehalten wird. Er trägt große, braune Schuhe. Im Gegensatz zum Rest des Körpers sind seine Beine viel zu kurz und dünn."

3 Vereinfachter Grundrissausschnitt von Infohausen
Zeichne mit deinem Grafikprogramm einen zu Abbildung 4 (Seite 19) ähnlichen, mit Textfeldern beschrifteten Grundriss. Beschrifte jedes Objekt mit einem geeigneten Textfeld.
Notiere die Attribute von zwei Objekten mit ihren Werten in der Punktschreibweise.

4 Objekte im Kleiderschrank
In der Informatik werden auch Alltagsgegenstände als Objekte betrachtet. Nenne mindestens drei Objekte, die du in deinem Kleiderschrank finden kannst.
Notiere Objektnamen, wesentliche Attribute und die dazugehörigen Attributwerte deiner momentanen Bekleidung.

5 Bilderrätsel

8 Alle gleich?

a Finde heraus, welche beiden Grafiken in Abbildung 8 gleich aussehen.
b Jede der sechs Grafiken besteht aus verschiedenen Objekten, deren Attributwerte in Punktschreibweise notiert werden können, zum Beispiel in Grafik ①:
LinkerFuss.Länge = 0,4 cm, Canada.Farbe = grün.
Notiere für die Grafiken, die keinen Doppelgänger haben, die Abweichungen in Punktschreibweise.
c Viele Attributwerte einzelner Objekte sind in allen sechs Grafiken gleich. Notiere in Kurzschreibweise drei solche Attributwerte, natürlich jeweils mit Objekt- und Attributnamen.

6 Attribute von Ländern
Vergleiche in einer Tabelle die Länder Deutschland, Österreich, USA und China bezüglich der Attribute Kontinent, Größe, Einwohnerzahl, IstBinnenland, Hauptstadt. Suche die Daten im Internet oder schlage dazu in einem Lexikon oder Atlas nach.
Ergänze die Tabelle mit einem weiteren Land deiner Wahl.

2.1 Objekte

7 Objekte im Klassenzimmer
Welche Objekte findest du in deinem Klassenzimmer? Über welche Attribute und welche Attributwerte verfügen sie? Notiere einige Beispiele in Punktnotation und achte darauf, dass jedes Objekt einen eindeutigen Namen besitzen muss (z. B. StuhlLea.Farbe = hellbraun; TischLaurin.IstVerkratzt = ja; TischNele.IstVerkratzt = nein).

8 Olympische Ringe – nachgezeichnet
a Zeichne mit deinem Grafikprogramm die olympischen Ringe nach. Stelle in den zugehörigen Menüs sicher, dass alle Ringe gleich groß sind und exakt die passende Lage haben.
b Suche eine Abbildung der echten olympischen Ringe und finde heraus, weshalb diese nicht so einfach nachzuzeichnen sind.

9 Olympische Ringe

9 Zeichnung einer Lokomotive
a Zeichne eine Lokomotive.
Abbildung 10 ist nur eine Anregung, die Lok darf auch moderner sein.
Notiere für zwei Objekte, die du verwendest, die Attributwerte in der Punktschreibweise.
b Zeichne auch einen Waggon.

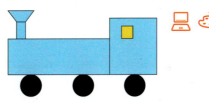
10 Dampflokomotive

10 Idealer Pausenhof
Stell dir vor, du bist Landschaftsarchitekt/-in und darfst den Pausenhof eurer Schule umgestalten. Was würdest du hinzufügen? Was würdest du entfernen bzw. verändern?
a Fertige in deinem Grafikprogramm einen ausreichend beschrifteten Grundriss nach deinen Ideen an.
b Vergleiche dein Ergebnis mit dem deines Banknachbarn. Diskutiert Vor- und Nachteile eurer Ideen und wer den Plan am aussagekräftigsten gezeichnet hat. Achtet auf eine gute Begründung eurer Meinung!

11 Forschungsauftrag
a Spielst du gerne Computerspiele? Auch darin sind Informationen in Objekte gegliedert. Untersuche ein Computerspiel und identifiziere zentrale Objekte und zugehörige Attribute mit beispielhaften Attributwerten. Verwende dabei die Punktschreibweise.
b Benutzen deine Eltern soziale Medien zum Austausch mit Freunden und Bekannten? Dort sind die Benutzer als Objekte gespeichert. Untersuche mit deinen Eltern ein Benutzerprofil und finde heraus, welche Attribute dort gespeichert sind.
c Vielleicht hast du schon einmal in einem Online-Kaufhaus gestöbert oder eingekauft. Ermittle zentrale Objektarten und ihre Attribute.
Gib für zwei möglichst unterschiedliche Attribute denkbare Attributwerte in Punktschreibweise an.

2 Informationsdarstellung mit Grafikdokumenten

2.2 Dokumente und Dateien

Dokumente speichern

In diesem Kapitel wird dir gezeigt, wie du deine schönen Zeichnungen speichern und später wiederverwenden kannst. Vieles aus diesem Kapitel wird später noch genauer erklärt. Es ist jedoch jetzt schon wichtig für dich zu wissen, wie du deine Ergebnisse dauerhaft sichern kannst.

→ 3.3 Näheres zu Dokumenten erfährst du in Kapitel 3.3.

Dokument

Wenn du ein Programm auf deinem Computer startest, erscheint in der Regel ein Fenster mit dem Titel „Neues Dokument", „Leeres Dokument", „Dokument", „unbenannt" oder so ähnlich. Oft wird noch eine laufende Nummer angehängt.

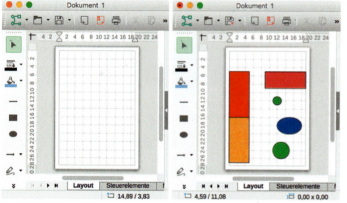

1 Neues Dokument *2 Grafikdokument vor dem ersten Speichern*

Jedes Programm fasst die Objekte, die du mit ihm erstellst, in **Dokumenten** zusammen. Zum Beispiel enthält dein aktuelles Grafikdokument alle Zeichenobjekte, die du gerade benutzt.

Das Dokument und alle darin enthaltenen Objekte werden in einem Fenster dargestellt. Ist das Dokument größer als das Fenster, in dem du es betrachtest, kannst du mit den Scrollbalken (rechts und eventuell unten) den Fensterausschnitt über dem Dokument verschieben.

Mit einem Programm können üblicherweise mehrere Dokumente gleichzeitig bearbeitet werden. Sie werden dann jeweils in einem eigenen Fenster angezeigt.

Speichern in einer Datei

Während der Bearbeitung durch ein Programm werden Dokumente im sogenannten Arbeitsspeicher des Computers verwaltet. Information kann im Arbeitsspeicher sehr schnell verarbeitet werden. Er verliert die Daten aber beim Ausschalten des Computers. Willst du das Dokument aufbewahren und später wiederverwenden, musst du die Information über dieses Dokument auf einem dauerhaften Speicher, dem Hintergrundspeicher (zum Beispiel einer Festplatte), ablegen (sichern, **speichern**).

3 Dialog zum Speichern

Beim Speichern wird ein neues Objekt, eine **Datei**, erzeugt. Im Dialogfenster „Speichern unter" gibst du den gewünschten Dateinamen an. Die Information über das Dokument und alle darin enthaltenen Objekte wird im Attribut Inhalt der Datei abgelegt. Dazu gehören insbesondere die Bezeichner aller im Dokument vorhandenen Objekte mit ihren Attributen und Attributwerten.

24

2.2 Dokumente und Dateien

Dabei verwendet jedes Programm eine eigene, festgelegte Darstellungsform (**Dateityp**), damit später aus der Datei wieder ein Dokument erstellt werden kann. Oft kannst du aus mehreren Darstellungsformen auswählen (siehe Abbildung 3, Aufklappfeld „Dateityp"). Damit kannst du auch andere Programme in die Lage versetzen, aus den Informationen in der Datei wieder ein Dokument zu erzeugen, das dem ursprünglichen sehr ähnlich ist.
Viele Programme beherrschen nicht nur einen Dateityp, sondern sie können verschiedene, unterschiedliche Darstellungsformen bearbeiten.
In Kapitel 5.3 wirst du mehr über Dateien erfahren.

→ W4
→ 5.3

Öffnen einer Datei
Wenn du später an einem Dokument weiterarbeiten willst, musst du die Datei öffnen, in der du die Information über das Dokument gespeichert hast.
Aus dieser Information wird ein neues Dokument erzeugt. Dabei werden alle Objekte, die in dem ursprünglichen Dokument enthalten waren, in exakt ihrer alten Form neu erstellt.

4 Dialog zum Öffnen

Eine **dauerhafte Darstellung der Dokumente** erfolgt in **Dateien**.

Dort werden für alle im Dokument vorhandenen Objekte der Bezeichner und die Werte aller Attribute gespeichert.

Aufgaben

1 Lesen – Verstehen
Lies den Text dieses Kapitels und erstelle eine knappe Zusammenfassung. Folgende Fragen helfen dir, die Inhalte zu verstehen:
a Was ist ein Dokument, was eine Datei? Beschreibe die Begriffe einzeln und benenne Zusammenhänge bzw. Unterschiede.
b Gib an, welchen Zweck der Dateityp hat.

2 Typfrage
Viele Programme bieten mehrere Dateitypen zum Speichern an. Nenne den Dateityp, den dein Grafikprogramm als Standard anbietet, indem du ein neues Grafikdokument erstellst und beim Speichern auf die Informationen im Dialog (s. Abbildung 3) achtest.
Erkunde zusammen mit deinem Banknachbarn, welche weiteren Dateitypen möglich sind. Überlegt zusammen auch, welchen Sinn es hat, aus mehreren Dateitypen auswählen zu können.

25

2 Informationsdarstellung mit Grafikdokumenten

3 Wer Ordnung hält, ist zu faul zum Suchen
  a In der Abbildung 5 links siehst du, wie Herr Schlaumeier seine Ordner beschriftet. Erkläre knapp, warum er (eventuell) mit dieser Beschriftung zurechtkommen kann, seine Tochter aber länger in den Ordnern nach seinem selbstgedichteten Liedtext für Omis 70. Geburtstag suchen muss.

 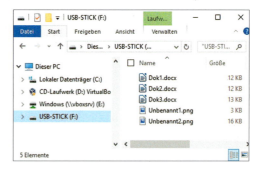

5 Ordnung so und Ordnung so

  b In der Abbildung 5 rechts siehst du die Namen Unbenannt1.png, Unbenannt2.png usw. von auf einem USB-Stick gespeicherten Dateien. Welche Dateinamen wären sinnvoll, wenn es die Lösungen der Smiley-Aufgabe in Kapitel 1.1 wären?

→ engl. stick: Stab, Stock

  c Wenn du selbst einen →USB-Speicherstick zum Speichern von Dateien verwendest, dann ist es sinnvoll, ihn mit deinem Namen zu beschriften. Du solltest dies äußerlich mit einem Aufkleber oder wasserfesten Stift machen und „innerlich", indem du Namen „USB-STICK" auf deinen Namen änderst. Die Umbenennung kannst du im Dateiverwaltungsprogramm (W14 und W15) durchführen. Mit einem Rechtsklick auf den alten Namen öffnet sich ein Menü. Nach der Auswahl von „Umbenennen" ist eine Texteingabe möglich.
  Beschrifte deinen USB-Stick!

4 Forschungsauftrag: Attributwerte in Dateien
In einer Datei ist die einfache Grafik aus Abbildung 6 gespeichert.
  a Ein Ausschnitt aus der Datei ist:
```
<draw:custom-shape draw:style-name="gr1" draw:text-style-name="P1"
draw:layer="layout" svg:width="8 cm" svg:height="4 cm" svg:x="2 cm"
svg:y="1 cm">
```

6 Einfache Grafik

  Gib an, für welche Attribute hier die Attributwerte gespeichert sind. Überprüfe, ob die Werte mit Abbildung 6 übereinstimmen.
  b Ein weiterer Ausschnitt hat folgendes Aussehen:
```
<style:style style:name="gr1" style:family="graphic" style:parent-style-
name="standard">
<style:graphic-properties svg:stroke-width="0.035 cm" svg:stroke-
color="#000000" draw:marker-start-width="0.252 cm" draw:marker-end-
width="0.252 cm" draw:fill-color="#ff0000" draw:textarea-horizontal-
align="justify" draw:textarea-vertical-align="middle"
draw:auto-grow-height="false" fo:min-height="3.716 cm" fo:min-width="7.466
cm" fo:padding-top="0.142 cm" fo:padding-bottom="0.142 cm" fo:padding-
left="0.267 cm" fo:padding-right="0.267 cm"/>
    </style:style>
```

  Erkunde zusammen mit deinem Banknachbarn, wie die Attribute Linienstärke, LinienFarbe und FüllFarbe in diesem Ausschnitt genannt werden. Bestimme den Attributwert für die Linienstärke. Wodurch ist angegeben, dass dieser Ausschnitt zum Objekt aus a) gehört?

26

2.3 Objekte verändern mit Methoden

Änderungsarbeiten in Infohausen durch fleißige Objekte

Der Architektenwettbewerb für die Bebauung des freien Grundstücks in Infohausen ist entschieden. Für die Architektin Beate, die den Wettbewerb gewonnen hat, geht die Arbeit jetzt erst richtig los. Die Stadträte wollen Varianten der Häuser miteinander vergleichen: verschiedene Fenstergrößen, verschiedene Außenanstriche, die Tür mal in der Mitte der Vorderwand, mal seitlich usw.

Glücklicherweise hat Beate die Pläne mit einem „guten" Grafikprogramm am Computer erstellt. Die Objekte der Grafikdokumente dieses Programms sind in der Lage, Arbeitsaufträge wie „Ändere deine Füllfarbe", „Ändere deine Breite", „Ändere deine Position" auszuführen.

1 Im Architekturbüro

Objekte haben die Fähigkeit, gewisse Dinge zu tun. Ein Mensch reagiert auf die Botschaft „Sag mir die Uhrzeit", indem er auf seine Uhr schaut, die Stellung der Zeiger deutet und meldet: „Es ist 15.00 Uhr." Der Informatiker sagt: Der Mensch hat eine →**Methode** *UhrzeitSagen*, mit der er auf diese Botschaft reagieren kann. Ein kleines Kind hat diese Fähigkeit (Methode) noch nicht. Es reagiert nicht auf die Botschaft „Sag mir die Uhrzeit".

Auch die Objekte deines Zeichenprogramms bekommen durch den Programmentwickler gewisse Methoden (Fähigkeiten) mitgegeben. Daher reagiert das aktive Objekt Tür in Abbildung 2 auf die Botschaft „Setze Füllfarbe auf braun" mit der Methode *FüllfarbeSetzen* und verwendet den Wert braun.

→ Methode (lat.-griech.), Verfahren, das zur Erlangung von praktischen Ergebnissen dient.

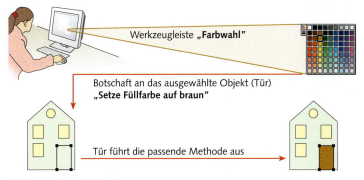

2 Botschaft und Methode

3 Attributwertdialog

Botschaften senden

Botschaften schickt der Programmnutzer meist über Menüauswahlen, Werkzeugleisten oder Einstellungen in Dialogen. Zuerst muss er ein Objekt, an das die Botschaft gesendet werden soll, auswählen, zum Beispiel durch Anklicken.

Dann öffnet er einen Dialog, in dem er die neuen Werte der Attribute angibt. Beim Schließen des Dialogs mit „OK" werden alle Botschaften abgeschickt und dadurch die entsprechenden Methoden zum Verändern der Attributwerte aufgerufen. Häufig können Botschaften aber auch durch Ziehen mit der Maus oder einen Tastendruck ausgelöst werden.

2 Informationsdarstellung mit Grafikdokumenten

? Welche Botschaften schickt Beate an die Objekte der Grafik „Original" in Abbildung 4, um daraus die Varianten „andere Farbe", „große Fenster" bzw. „Tür in der Mitte" zu erhalten?

 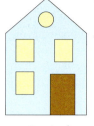  

Original — andere Farbe — große Fenster — Tür in der Mitte

4 *Veränderungen*

Um die Variante „Tür in der Mitte" zu erhalten, muss man die Position der Tür verändern. Die Botschaft zum Aufruf der Methode *PositionSetzen* erzeugt man häufig, indem man das Objekt mit der Maus anklickt und mit gedrückter Maustaste an die gewünschte Position fährt. Wenn man die Maustaste loslässt, wird die Methode *PositionSetzen* mit den aktuellen Werten aufgerufen. Zusätzlich muss ein Fenster verändert und ein neues erzeugt werden.

→ W2

Kennst du eine Möglichkeit, auch ohne Maus eine Methode aufzurufen? Im Werkzeugkasten sind weitere Methoden aufgelistet.

In der Regel können Objekte festgelegte **Methoden ausführen**; die Objekte besitzen bestimmte Fähigkeiten.

Damit ein Objekt eine Methode ausführt, muss man ihm dazu den Auftrag geben (ihm eine **Botschaft** schicken); man sagt auch: Die Methode **aufrufen**.

Der Satz „Setze die Füllfarbe der Hauswand auf hellgrün!" ist zum Schreiben sehr lang. Um Schreibarbeit zu sparen, wenn wir festhalten müssen, was genau wir gemacht haben oder was gemacht werden soll, verwenden wir – genau so wie bei der Angabe der Attributwerte eines Objekts – eine zweite Form der Punktnotation für den Aufruf einer Methode eines Objekts. So verkürzt sich die Angabe zu:

Hauswand.*FüllfarbeSetzen(hellgrün)*

Für einen Methodenaufruf schreiben wir allgemein in der Punktnotation:
Objektname.Methodenname(Wert)

Für die Veränderung der Fenster (Variante „große Fenster" in Abbildung 4) schreiben wir:
Fenster1.*BreiteSetzen(0,7 cm)*
Fenster2.*BreiteSetzen(0,7 cm)*
Fenster3.*BreiteSetzen(0,7 cm)*

2.3 Objekte verändern mit Methoden

Hinweise:
- Man kann die Schreibweise für den Methodenaufruf von der Schreibweise für Attributwertangabe leicht unterscheiden, da beim Methodenaufruf immer ein Klammerpaar „(…)" und bei der Attributwertangabe immer ein Gleichheitszeichen „=" auftritt.
- Nicht alle Methoden benötigen eine Zusatzinformation (die Angabe Wert), um ihren Arbeitsauftrag ausführen zu können. Ein Beispiel dafür ist die Methode „Zeichnen", die viele Objekte kennen. Hier schreiben wir einfach:
    Fenster1.*Zeichnen()*
  Damit stellt sich das Objekt Fenster1 gemäß seinen Attributen auf dem Bildschirm dar.
- Sind mehrere Objekte ausgewählt, so wird die Botschaft an alle ausgewählten Objekte geschickt.

Arbeitsersparnis durch geschickte Anwendung von Methoden

Bei der letzten Veränderung in Abbildung 4, dem Verschieben der Tür in die Mitte, hat Beate auch noch ein neues Fenster eingefügt. Da dieses Fenster genau das gleiche Aussehen hat wie das Fenster links neben der Tür, vermeidet Beate unnötige Arbeit, indem sie das Fenster nicht neu erzeugt, sondern es **kopiert**. Dazu verwendet man in vielen Programmen einen (unsichtbaren) Behälter, die **Zwischenablage**, in der man eine Kopie eines Objekts aufbewahren kann. Von dieser Kopie kann man wiederum an beliebig vielen Stellen Kopien **einfügen** (Abbildung 5).

Du kannst auch mehrere Objekte auswählen und gemeinsam in die Zwischenablage kopieren. Beim Einfügen werden diese Objekte dann gemeinsam in das Dokument eingefügt.

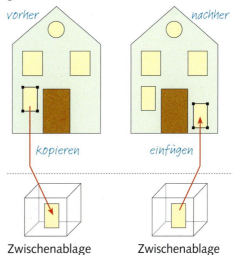

5 *Die Zwischenablage*

> Die **Zwischenablage** dient zum kurzzeitigen Aufbewahren eines oder mehrerer Objekte. Mit der Zwischenablage sind folgende Vorgänge möglich:
> - **Kopieren** legt eine Kopie der ausgewählten Objekte in die Zwischenablage und belässt die Originale im Dokument.
> - **Ausschneiden** entfernt die ausgewählten Objekte aus dem Dokument und legt sie in die Zwischenablage.
> - **Einfügen** fügt eine Kopie der in der Zwischenablage liegenden Objekte in das Dokument ein.

Hinweis: In englischsprachigen Programmen stehen für „ausschneiden, kopieren, einfügen" die Wörter „cut, copy, paste". Das Verb „to paste" (kleben) erinnert noch an die ursprüngliche Vorgehensweise ohne Computer: ausschneiden – kopieren – einkleben.

2 Informationsdarstellung mit Grafikdokumenten

Bis ein Objekt in einem Grafikprogramm wie gewünscht dargestellt wird, müssen oft zahlreiche Arbeitsschritte ausgeführt werden. Betrachte beispielsweise das Einfügen dreier gelber Fenster in den Plan eines Hauses:

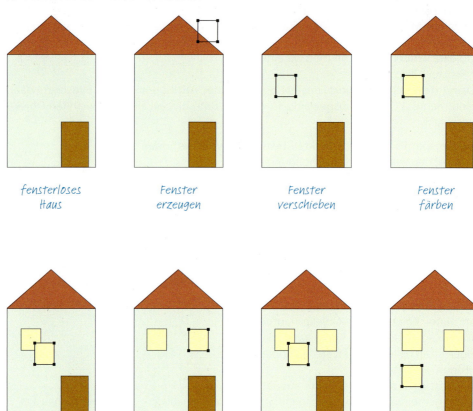

6 Arbeiten mit der Zwischenablage

Aufgaben

1 Entdecken – Verstehen

a Erstelle in einem neuen Grafikdokument ein Haus (noch ohne Fenster).

b Erzeuge nun ein Rechteck, das das erste von mindestens vier gleichen Fenstern werden soll. Welche Möglichkeiten gibt es, die Farbe zu ändern? Erkunde dazu dein Programm und finde möglichst viele verschiedene Möglichkeiten!

c Was steckt dahinter? Informiere dich, was eine Methode ist und wie du einen Methodenaufruf auslöst (Abbildungen 2 und 3 und zugehöriger Text, Seite 27). Die Aussage „Die Benutzerin in Abbildung 2 färbt die Tür braun." ist nicht genau. Verbessere sie.

d Vervollständige nun dein Haus, indem du das erste Fenster kopierst, einfügst und die Position anpasst. Musst du für das dritte Fenster nochmal das erste kopieren? Äußere erst eine Vermutung und begründe sie, bevor du es ausprobierst.

e Klicke auf den (weißen) Hintergrund deines Grafikdokuments. Begründe, warum die Vorgänge Kopieren und Ausschneiden nicht aufrufbar sind.
Worin unterscheiden sich die Vorgänge Ausschneiden und Löschen?

2.3 Objekte verändern mit Methoden

2 Methodenaufrufe
Welche Methoden werden hier jeweils bei den Übergängen von einem Bild zum nächsten Bild ausgeführt? Notiere in der Punktnotation. Methoden, die das Kreisobjekt hat, sind rechts aufgelistet.

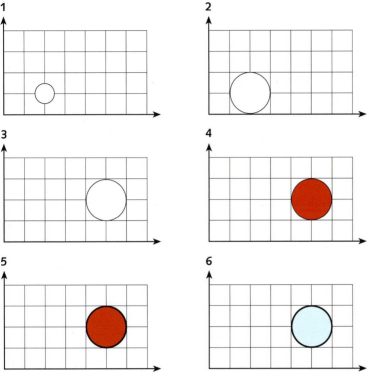

Methoden eines Kreisobjekts

FüllfarbeSetzen(Farbe)
MittelpunktSetzen(Koordinaten)
RadiusSetzen(Zahl)
RandStärkeSetzen(Zahl)
RandFarbeSetzen(Farbe)
RandArtSetzen(LinienArt)

7 Methodenaufrufe

3 Dominorätsel
a Nenne die Augenzahlen des nächsten Dominosteins in Abbildung 8.
b Zeichne selbst ein anderes Dominorätsel. Folgende Maßangaben kannst du verwenden: Stein: 3 cm × 6 cm; Durchmesser eines Punktes 0,5 cm. Nutze Kopieren und Einfügen.
c In Zeitschriften gibt es noch andere Rätsel, die man mit einem Grafikprogramm erstellen kann, beispielsweise ein Bilderrätsel wie in Aufgabe 5 von Kapitel 2.1. Erstelle selbst ein kleines Rätsel.

8 Dominosteine

4 Häuserkulisse
Als Kulisse für ein Computerspiel werden verschiedene Häuser benötigt. Dies können mehrstöckige Häuser sein, wie man sie auf einer Kanalfahrt in Amsterdam sehen kann, oder aber Bungalows oder Gebäude in deinem eigenen Baustil. Damit die Häuser zusammenpassen, ist die Vorgabe, dass ein Stockwerk ca. 2 cm hoch ist.
a Zeichne ein Haus für die Kulisse. Nutze bei den Fenstern Kopieren und Einfügen.
b Schreibe in dein Heft, welche drei Methodenaufrufe du am häufigsten ausgeführt hast. Nenne zwei Wege, diese Methoden aufzurufen, und begründe, welcher Weg schneller durchzuführen ist.
c Erstelle mit deinen Nachbarn eine Häuserkulisse, indem ihr eure Zeichnungen aus a) austauscht und zusammenbaut.
Tipp: Verwende dazu das gemeinsame Kopieren mehrerer Objekte.

9 Verschiedene Häuser

2 Informationsdarstellung mit Grafikdokumenten

5 Bedienung von Küchengeräten

In der Informatik werden auch Alltagsgegenstände als Objekte betrachtet. So kannst du mit der „Informatikbrille" in jeder Küche viele Objekte sehen, wie den Kühlschrank und die LieblingsgabelOlivia. Alle Objekte haben Attribute. Viele haben jedoch keine Methoden, das heißt, für diese Objekte gibt es keinen einzigen Methodenaufruf, aufgrund dessen sie etwas ausführen können.

a Notiere mindestens drei Methodenaufrufe von Küchengeräten. Gib dabei, falls nötig, einen sinnvollen Eingabewert an, zum Beispiel Mixer.*Rühren(3)*.

b Nenne ein Objekt, das mindestens zwei Methoden hat. Notiere passende Methodenaufrufe in Punktschreibweise.

c Nenne mindestens drei Objekte, die keine Methoden haben.

6 Bimmelbahn

Öffne dein Bild mit der Lokomotive und dem Waggon von Aufgabe 9 aus Kapitel 2.1. Erzeuge mithilfe der Zwischenablage mehrere gleiche Waggons und stelle sie zu einem Zug zusammen. Färbe die Waggons um.

7 Landschaftsgestaltung mit EOS

Die Punktnotation ist nicht nur eine kurze Schreibweise für die Beschreibung von Attributen und Methodenaufrufen von unterschiedlichen Objekten, sondern auch Bestandteil vieler Programmiersprachen. In dieser Aufgabe lernst du die Entwicklungsumgebung EOS kennen, mit der man Grafiken zeichnen und Objekte animieren kann. In einer späteren Aufgabe darfst du dann selbst einen Animationsfilm erstellen.

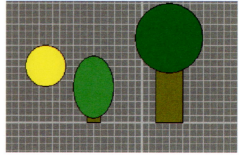

10 Landschaft 1

a Erstelle mithilfe von EOS eine kleine Landschaft. Beginne zunächst mit einer Sonne, einem Baum und einem Busch. Achte auf die folgenden Punkte:
- Organisiere dir über deine Lehrkraft oder das Internet eine Anleitung für EOS (als Video oder Arbeitsblatt).
- Verwende als Einstieg die Datei Landschaft.eos. Dort sind der Stamm und die Krone des rechten Baums bereits als Objekte enthalten. Analysiere den Quelltext, um zu verstehen, wie man ein Objekt erzeugt und welche Bedeutung die Eingabewerte bei den Methoden haben. Ändere die Werte und beobachte die Auswirkung der Änderungen.
  Nutze beim Zeichnen die Hilfe in EOS. Dort sind alle Methoden und ihre Parameter beschrieben.
- Nutze zur Orientierung das Koordinatengitter. Der Gitterabstand ist 10 Pixel.

b Das Zeichnen mit EOS unterscheidet sich von vielen anderen Programmen beispielsweise darin, dass man die Größe eines Objekts nicht mit der Maus ändern kann.

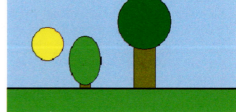

11 Landschaft 2

Beschreibe drei weitere Unterschiede, darunter Objektnamen und das Kopieren von Objekten.

c Gestalte deine Landschaft weiter: Blumen, Himmel, Wiese, Vögel – was du möchtest.

2.3 Objekte verändern mit Methoden

8 Fahrzeuge zeichnen mit EOS
Zeichne ein Fahrzeug mit EOS. In der Abbildung 12 findest du als Anregung zwei Beispiele; du kannst aber auch ein Flugzeug, ein Fahrrad oder einen Lkw zeichnen.
Verwende aussagekräftige Objektbezeichner und stelle die Ausschmückungen mit Details an das Ende deiner Arbeit.

12 U-Boot und Auto

9 Methodenaufrufe mit EOS
Im Kasten rechts siehst du ein EOS-Programm.
  a Um ein Rechteck eindeutig zu zeichnen, benötigt man beispielsweise die Koordinaten des linken oberen Punktes sowie die Höhe und die Breite.
  Begründe knapp, warum auch die Koordinaten von zwei gegenüberliegenden Punkten eine eindeutige Angabe für ein Rechteck sind.
  b Erkläre knapp, warum beim Aufruf der Methode *eckenSetzen* teilweise vier, teilweise sechs Eingabewerte vorhanden sind.
  c Nimm ein kariertes Papier und skizziere die Objekte entsprechend der Methodenaufrufe. Nimm als Einheit für die Eingabewerte mm. (Lies bei Schwierigkeiten in der EOS-Hilfe bei der Beschreibung der Methoden nach.)

```
r1:RECHTECK
r2:RECHTECK
d1:DREIECK
d2:DREIECK
d3:DREIECK
k:KREIS
r1.eckenSetzen(0,30,90,0)
r1.füllfarbeSetzen(hellblau)
r2.eckenSetzen(38,90,42,30)
r2.füllfarbeSetzen(schwarz)
d1.eckenSetzen(0,30,0,0,-15,30)
d1.füllfarbeSetzen(hellblau)
d2.eckenSetzen(90,30,90,0,110,30)
d2.füllfarbeSetzen(hellblau)
d3.eckenSetzen(0,40,40,90,90,40)
d3.füllfarbeSetzen(hellgrau)
k.mittelpunktSetzen(90,90)
k.radiusSetzen(20)
k.füllfarbeSetzen(gelb)
```

13 Mit Methodenaufrufen zeichnen

  d Schreibe in Punktnotation zum Objekt r2 drei Attribute und ihre Attributwerte zum Ende des Programms. Beschränke dich auf die drei Attribute, deren Werte sich in dem abgebildeten Quelltext ändern.
  e Die Objektnamen sind nicht aussagekräftig. Schreibe statt r1, r2, d1, d2, d3 und k „sprechende" Namen auf.

10 Forschungsauftrag
Auch in anderen Anwendungen als EOS (Computerspiel, soziales Netzwerk, Online-Kaufhaus …) rufst du Methoden auf. Finde für eine solche Anwendung zentrale Beispiele für Methodenaufrufe und prüfe, an welche Objekte sich die Aufrufe richten.
Schreibe für eines deiner Beispiele den Methodenaufruf in Punktnotation auf.

33

2 Informationsdarstellung mit Grafikdokumenten

2.4 Klassen

Plan der Inneneinrichtung

Beate plant für die neue Siedlung die Einrichtung eines Wohnzimmers. Abbildung 1 zeigt den Grundriss.

? Welche Arten von Grafikobjekten werden in diesem Plan zur Darstellung der Gegenstände verwendet?

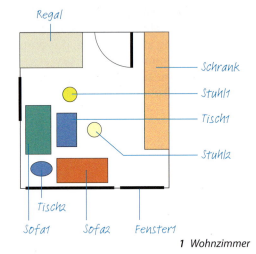

1 Wohnzimmer

Das Objekt Schrank wird durch ein Grafikobjekt der Art Rechteck dargestellt, ebenso das Objekt Tisch1. Weiter lässt sich zuordnen:

Art	Bezeichner des Objekts
Rechteck	Regal, Schrank, Sofa1, Sofa2, Tisch1
Ellipse	Stuhl1, Stuhl2, Tisch2
Linie	Fenster1, Fenster2, Fenster3, Tür
Viertelellipse	Türbereich

2 Objektarten

? Was bedeutet in der Tabelle „Art: Rechteck"? Was sind die Gemeinsamkeiten aller Rechtecke? Was unterscheidet eine Linie von einem Rechteck (außer der Form)? Welche Attributwerte musst du angeben, um eine Linie bzw. ein Rechteck genau zu beschreiben?

Wenn du die Dialoge zum Verändern der Attributwerte aufrufst, so findest du Antworten auf diese Fragen. Im Menü „Format" kannst du für eine Linie den Dialog zum Ändern von Linienfarbe und -stärke auswählen (Eintrag „Linie…" in Abbildung 3).
Dagegen gibt es bei einem Rechteck auch den Dialog für das Ändern der Füllfarbe (Eintrag „Fläche …" in Abbildung 4 ist verfügbar). Auch bei den Methoden kann es Unterschiede geben.
Alle Linien haben also die gleichen Attribute (aber nicht notwendig die gleichen Attributwerte!) und die gleichen Methoden. Auch alle Rechtecke, alle Ellipsen usw. haben jeweils die gleichen Attribute und Methoden (aber zum Teil andere als die Linien).
Informatiker sagen: Alle Objekte der Art Linie sind von der Klasse LINIE, alle Objekte der Art Rechteck sind von der Klasse RECHTECK.

```
Position und Größe...          F4
Linie...
Fläche...
Text...
Bild zus_____den
```
3 Linienattribute

```
Position und Größe...          F4
Linie...
Fläche...
Text...
Bild zus_____den
```
4 Rechteckattribute

34

2.4 Klassen

Hinweis: Den Fachbegriff „Klasse" kennst du schon aus der Biologie. Er wird dort aber anders als in der Informatik verwendet. Man spricht in der Biologie zum Beispiel von der Klasse der Säugetiere als Oberbegriff.

Klassen als Bauanleitungen

Du kannst dir eine Klasse anschaulich als eine Bauanleitung vorstellen, nach der die Objekte beim Erzeugen gebaut werden. Dabei erhalten sie für jedes Attribut einen vom Benutzer einzugebenden oder einen vorgegebenen Wert (→default-Wert). Im Bauplan sind auch die Methoden für alle aus der Klasse erzeugten Objekte festgelegt, zum Beispiel die Methode *Zeichnen* der Grafikobjekte.

→ engl. in default of: wegen des Fehlens

Willst du angeben, von welcher Klasse ein Objekt ist, kannst du diese durch einen Doppelpunkt getrennt nach dem Objektnamen ergänzen. Beispiel:
   Tisch1: RECHTECK
Den Doppelpunkt spricht man „von der Klasse" oder „von der Art". Beispiel:
   „Tisch1 von der Klasse RECHTECK"

Klassen sind **Baupläne** für **Objekte**. Alle **Objekte** mit **gleichen Attributen** (nicht Attributwerten!) und **gleichen Methoden** werden durch eine **Klasse** beschrieben. Wir schreiben Klassennamen mit Großbuchstaben.
Die Klasse eines Objekts kann man mit **Objektname: KLASSE** angeben.

Die folgende **erweiterte Schreibweise** für Objekte legen wir zur Notation mehrerer Attributwertangaben eines Objekts fest:
   Für Objektname: KLASSE
      Attribut1 = AttributwertA
      Attribut2 = AttributwertB

Diese Schreibweise kann auch für **Methodenaufrufe** verwendet werden:
   Für Objektname: KLASSE
      Methode1(WertA)
      Methode2(WertB)

Hinweise:
- Statt des Begriffs Klasse wird manchmal auch der Begriff Objekttyp verwendet.
- Die Klassen eines Grafikprogramms kann man sehr schön an den Symbolen in der Werkzeugleiste erkennen (Abbildung 5).

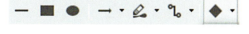

5 Werkzeuge

Darstellung von Klassen und Objekten

Die Struktur einer Klasse lässt sich übersichtlich mit einem Rechteck darstellen. Es muss den Bezeichner der Klasse, die Bezeichner (Namen) aller Attribute und die Bezeichner aller Methoden enthalten. Bei den Methoden gibt man in Klammern an, welche Informationen die Methode beim Aufruf zusätzlich erhalten muss.
Objekte werden als abgerundete Rechtecke dargestellt, die den Objektnamen, eventuell die Klasse des Objekts, und die Attribute mit ihren Werten enthalten müssen. Die Methoden werden nicht aufgelistet, da sie für alle Objekte einer Klasse gleich sind.
In Abbildung 6 (Seite 36) sind Beispiele für drei Klassen und jeweils zwei zugehörige Objekte aus Abbildung 1 (Seite 34) angegeben. Die Darstellungen der Klassen nennt man **Klassenkarten**, die der Objekte **Objektkarten**.

2 Informationsdarstellung mit Grafikdokumenten

Beispiele für Klassen- und Objektkarten:

	Klasse	Objekte dieser Klasse	
Bezeichner	RECHTECK	Tisch1	Sofa1
Attribute	PositionX PositionY Breite Höhe RandStärke Füllfarbe	PositionX = 1,1 cm PositionY = 2,2 cm Breite = 0,55 cm Höhe = 0,9 cm RandStärke = 0 cm Füllfarbe = blau	PositionX = 0,2 cm PositionY = 2,1 cm Breite = 0,7 cm Höhe = 1,3 cm RandStärke = 0 cm Füllfarbe = türkis
Methoden	BreiteSetzen(Zahl) HöheSetzen(Zahl) FüllfarbeSetzen(Farbe) PositionSetzen(Koordinaten)		

	Klasse	Objekte dieser Klasse	
Bezeichner	ELLIPSE	Stuhl1	Tisch2
Attribute	PositionX PositionY Breite Höhe RandStärke Füllfarbe	PositionX = 1,2 cm PositionY = 1,6 cm Breite = 0,4 cm Höhe = 0,4 cm RandStärke = 0 cm Füllfarbe = gelb	PositionX = 1,3 cm PositionY = 3,5 cm Breite = 0,6 cm Höhe = 0,4 cm RandStärke = 0 cm Füllfarbe = blau
Methoden	BreiteSetzen(Zahl) HöheSetzen(Zahl) FüllfarbeSetzen(Farbe) PositionSetzen(Koordinaten)		

	Klasse	Objekte dieser Klasse	
Bezeichner	LINIE	Fenster1	Fenster2
Attribute	PositionX PositionY Breite Höhe LinienStärke	PositionX = 3,0 cm PositionY = 5,5 cm Breite = 1,2 cm Höhe = 0,0 cm LinienStärke = 0,1 cm	PositionX = 0,0 cm PositionY = 1,3 cm Breite = 0,0 cm Höhe = 1,2 cm LinienStärke = 0,1 cm
Methoden	BreiteSetzen(Zahl) HöheSetzen(Zahl) LinienStärkeSetzen(Farbe) PositionSetzen(Koordinaten)		

6 Klassen- und Objektkarten

2.4 Klassen

Aufgaben

1 Lesen – Verstehen
Lies den Text dieses Kapitels und erstelle eine knappe Zusammenfassung. Folgende Fragen bzw. Arbeitsaufträge helfen dir, die Inhalte zu verstehen:
  a Erkunde, was es mit dem Begriff der Klasse auf sich hat, und formuliere Zusammenhänge zu den Begriffen Attribut, Methode und Bauplan.
  b Erkunde den Aufbau einer Klassenkarte. Entwickle eine vereinfachte Klassenkarte für eine Klasse FÖHN mit je zwei Attributen und Methoden, die einen typischen Haarföhn beschreibt.

2 Attributwerte in der erweiterten Schreibweise
Gib zum Grundriss in Abbildung 1 (Seite 34) für vier Objekte jeweils mindestens drei Attribute in der erweiterten Schreibweise an.
Gib (geschätzte) Attributwerte an. Es dürfen nicht alle Objekte der gleichen Klasse sein.

3 Ein neuer Abenteuerspielplatz
In der Siedlung von Matthias wird ein Abenteuerspielplatz gebaut. Die Kinder entwerfen Pläne, die die Gemeinde dann prüft; der beste Plan wird umgesetzt. Den Plan von Matthias siehst du unten.
  a Welche Klassen von Grafikobjekten kommen hier vor? Welche Objekte werden damit dargestellt? Notiere in der Form Objektname:KLASSE.
  b Gib für Hügel und Seilrutsche je zwei Attribute und deren Werte in Punktschreibweise an.
  c Stelle Objekte der Klasse RECHTECK mit ihren Attributwerten in einer Tabelle dar.
  d Das Indianerzelt gehört zu einer Klasse VIELECK (in vielen Programmen als →POLYGON bezeichnet). Durch welche Attribute lässt sich eine solche Klasse beschreiben?

→ Polygon: griechisch poly: viel, gon: Winkel

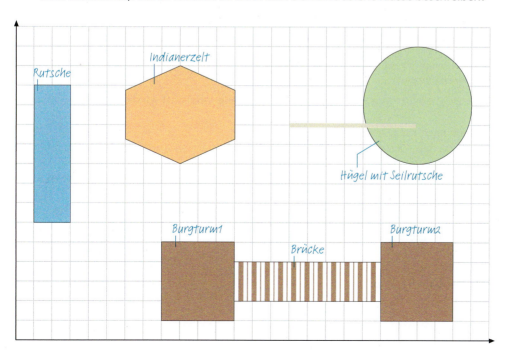

7 Spielplatz

2 Informationsdarstellung mit Grafikdokumenten

→ 2.3

4 Sonnenaufgang und Sonnenuntergang – Erste Animationsschritte mit EOS
In Aufgabe 7 des letzten Kapitels hast du eine Landschaft mit Sonne gezeichnet. Im Laufe des Tages steigt die Sonne, am Abend geht sie unter.

a Ergänze einen Methodenaufruf am Ende deines Programms aus Aufgabe 7 so, dass sich die Sonne nach rechts bewegt und dann untergeht. Verwende dazu die Methode *verschieben*. Führe, um die Bedeutung der Eingabewerte zu verstehen, zunächst die folgenden beiden Methodenaufrufe aus:

```
Sonne.verschieben(50, 0)
Sonne.verschieben(0, -50)
```

b Ein einziger Methodenaufruf mit einem Eingabewert von 50 verursacht eine unschöne sprunghafte Bewegung. Damit sich die Sonne Schritt für Schritt bewegt, muss man die Methode mehrfach mit kleineren Werten aufrufen, zum Beispiel:

```
Sonne.verschieben(1, 0)
Sonne.verschieben(1, 0)
Sonne.verschieben(1, 0)
```

Da es Informatikern zu mühsam ist, den Aufruf 50-mal zu schreiben, verwenden sie folgende Wiederholungsanweisung:

```
wiederhole 50 mal
    Sonne.verschieben(1, 0)
*wiederhole
```

Ergänze in deinem Programm zwei passende Wiederholungsanweisungen, die dafür sorgen, dass sich die Sonne bewegt.

c In der Wiederholungsanweisung sind auch mehrere Anweisungen möglich. So kann man entweder mehrere Objekte bewegen oder die Bewegung variieren. Folgendes Beispiel kann dir als Orientierung dienen:

```
wiederhole 30 mal
    Sonne.verschieben(1, 0)
    Sonne.verschieben(1, 1)
*wiederhole
```

Ergänze dein Programm so, dass sich die Sonne möglichst wirklichkeitsnah bewegt.

5 Malen nach Zahlen
Zeichne den Plan eines Spielplatzes nach den folgenden Angaben. Wozu dienen wohl Linie1 und Linie2?
Für alle Koordinatenangaben gilt ein mathematisches Koordinatensystem mit der Längeneinheit 1 cm.

a Für Schaukel: RECHTECK
LinkeUntereEcke = (2 | 3)
Breite = 2 cm
Höhe = 3 cm
RandStärke = 1 pt
Füllfarbe = rot

38

2.4 Klassen

Für Kletterburg: RECHTECK
    LinkeUntereEcke = (7|3)
    Breite = 6 cm
    Höhe = 4 cm
    RandStärke = 4 pt
    Füllfarbe = braun

Für Karussell: KREIS
    Mittelpunkt = (5|9)
    Radius = 2 cm
    RandStärke = 1 pt
    Füllfarbe = grau

Für Linie1: LINIE
    Startpunkt = (4|9)
    Endpunkt = (6|9)
    LinienStärke = 1 pt
    LinienArt = durchgehend

Für Linie2: LINIE
    Startpunkt = (5|8)
    Endpunkt = (5|10)
    LinienStärke = 1 pt
    LinienArt = durchgehend

b Zur Beschreibung der Lage und Größe eines Rechtecks wurden die drei Attribute LinkeUntereEcke, Breite und Höhe benutzt. Nenne weitere Attribute, die man ebenfalls wahlweise zur eindeutigen Beschreibung hätte benutzen können.

6 Logos (weiterführende Aufgabe für Interessierte)

Viele Firmen oder Institutionen haben auf Briefköpfen, Internetseiten oder in ihrer Werbung ein Logo, mit dem sie sich nach außen präsentieren. Gute Logos zeichnen sich durch ihre Einfachheit aus: Mit wenigen Farben und Formen werden wesentliche Kennzeichen oder Informationen übermittelt. In Abbildung 8 siehst du vier Beispiele für Logos.
Im Logo des Tanzvereins sind die Buchstaben T und V (in sehr einfacher Form) als Tänzer dargestellt. Das Logo der Technischen Universität München besteht nur aus den Anfangsbuchstaben, die jedoch in besonderer Weise „aneinandergehängt" sind.

a Erkläre die Grundidee der Logos des Malerbetriebes und der Europäischen Union.
b Versuche, das Logo der TUM mit einem Grafikprogramm zu erstellen.
c Entwirf selbst ein Logo für eine Person. Entscheide zunächst, für wen das Logo sein soll. Suche dann nach einer guten Idee – etwas Charakteristisches wie die Anfangsbuchstaben des Namens, ein Hobby oder den Beruf. Bleistiftskizzen können dir bei deinen Überlegungen helfen.
Setze als Abschluss deine Idee mit einem Grafikprogramm um.

8 Tanzverein Infohausen; Technische Universität München; Malerbetrieb Matzke; Europäische Union

7 Forschungsauftrag

a Auch in anderen Anwendungen (Computerspiel, soziales Netzwerk, Online-Kaufhaus, …) kann man die Objekte durch Klassen beschreiben. Finde für eine solche Anwendung ein kennzeichnendes Beispiel und skizziere eine Klassenkarte.
b Erforsche weitere Möglichkeiten des Werkzeugs EOS, um deine Animation aus Aufgabe 4 zu erweitern oder eine neue zu erstellen. Ansatzpunkt kann die Hilfe sein oder das Untersuchen und Abändern der mit dem Programm gelieferten Beispiele.

2.5 Pixelgrafikdokumente

Vektor- und Pixelgrafiken

In den bisher betrachteten Grafikdokumenten wurde die Zeichnung durch Anordnung und Eigenschaften ihrer geometrischen Einzelteile (Kreise, Linien, …) beschrieben. Im Dokument sind die entsprechenden Objekte vorhanden. Dadurch können diese Objekte jederzeit geändert werden; insbesondere ist es möglich, die Grafik beliebig zu vergrößern oder zu verkleinern, ohne Information zu verlieren. Diese Art von Grafikdokumenten wird genauer auch als Vektorgrafikdokument bezeichnet.

→ engl. picture element (pics): Bildelement

Ist der Bildinhalt nur schwer durch geometrische Objekte wie Linien, Ellipsen oder Rechtecke mathematisch zu beschreiben, ist eine andere Art der Darstellung besser geeignet, die sogenannte **Pixelgrafik**. Hier gliedert sich das Dokument in einzelne, meist quadratische Bildpunkte, die →Pixel (siehe Abbildung 1).
Diese Art der Informationsdarstellung wird vor allem bei digitalen Fotos verwendet; die einzelnen Bilder eines digitalen Films (Videos) sind ebenfalls aus Pixeln zusammengesetzt. Auch elektronische Anzeigetafeln nutzen oft eine einfache Pixelgrafik.

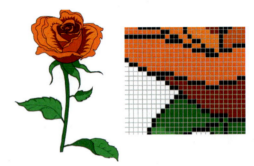

1 Pixelgrafik

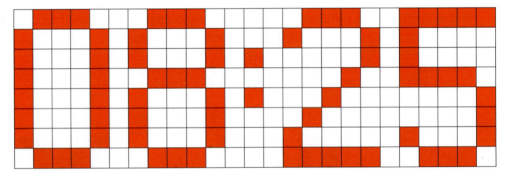

2 Uhrzeit als Pixelgrafik

Ein Objekt der Klasse PIXEL beschreibt die Farbe des jeweiligen Pixels. Es besteht kein Zusammenhang mehr zu den ursprünglichen Objekten der Realität, wie beispielsweise dem untersten Blatt der Rose in Abbildung 1. Daher ist es bei Pixelgrafiken nicht möglich, die dargestellten Objekte im Nachhinein anzupassen – zum Beispiel die Farbe des Blatts zu ändern – außer du veränderst Pixel für Pixel.
Auch eine Veränderung der Größe einer Pixelgrafik führt zu Informationsverlust. Beim Vergrößern fällt sehr schnell auf, dass das Bild unscharf wirkt und rasterartig aussieht.

Die Klasse PIXEL

Die gängigste Art, die Farbe eines Bildpunktes zu beschreiben, ist die Angabe des Rot-, Grün- und Blauanteils der dargestellten Farbe. Das ist genau die Information, die auch das Auge auswertet, und mit der auch die Bildpunkte von Fernseher oder Computerbildschirm beschrieben werden.
Die Klasse PIXEL benötigt daher drei Attribute für die drei Farbanteile und Methoden zum Setzen und Geben (Abfragen) der Attributwerte. Die Angabe einer Position benötigt die Klasse PIXEL nicht; für die korrekte Anordnung der Pixel im Bild und das Zeichnen ist das Pixelgrafikdokument zuständig.

2.5 Pixelgrafikdokumente

Aus den Angaben für Rot-, Grün- und Blauanteil lässt sich jede beliebige Farbe zusammensetzen (additive Farbmischung) und jeder beliebige Helligkeitswert erzeugen. Abbildung 4 zeigt, wie beispielsweise das Mischen von Grün und Rot die Farbe Gelb ergibt; Abbildung 5 zeigt verschieden helle Grünwerte.

3 Die Klasse PIXEL

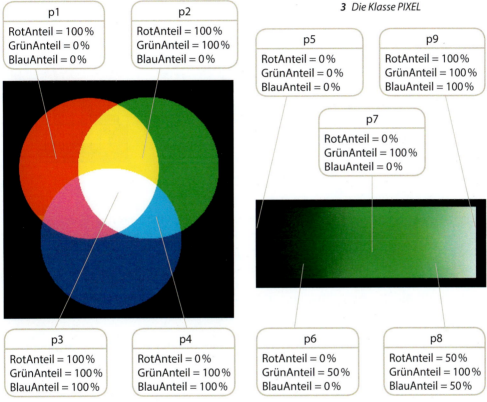

4 Mischfarben

5 Von Dunkelgrün zu Hellgrün

Das Pixelgrafikdokument
Verwaltet werden alle Pixel eines Bildes von einem Objekt der Klasse PIXELGRAFIKDOKUMENT. Dieses Objekt sorgt dafür, dass die einzelnen Pixel in einem Raster angeordnet sind. Die Methode *PixelZeichnen* berechnet aufgrund von horizontaler sowie vertikaler Position und der Attributwerte Pixelbreite sowie Pixelhöhe die genaue Lage des Pixels auf der Zeichenfläche. Dann befragt sie das Pixel nach seinen Attributwerten (RotAnteil usw.) und zeichnet jetzt auf der Zeichenfläche an der richtigen Stelle den meist quadratischen Bildpunkt.

PIXELGRAFIKDOKUMENT
PixelBreite
PixelHöhe
AnzahlHorizontal
AnzahlVertikal
PixelZeichnen (Horizontal, Vertikal)

6 Die Klasse PIXELGRAFIKDOKUMENT

2 Informationsdarstellung mit Grafikdokumenten

Abbildung 7 zeigt, wie sich unterschiedliche Attributwerte auf das Raster auswirken.

Pixelgrafikdokument1	Pixelgrafikdokument2	Pixelgrafikdokument3
PixelBreite = 0,5 cm PixelHöhe = 0,5 cm AnzahlHorizontal = 5 AnzahlVertikal = 8	PixelBreite = 0,25 cm PixelHöhe = 0,25 cm AnzahlHorizontal = 5 AnzahlVertikal = 8	PixelBreite = 0,25 cm PixelHöhe = 0,25 cm AnzahlHorizontal = 10 AnzahlVertikal = 16

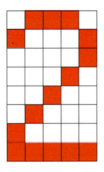

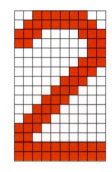

7 Pixelgrafikdokumente mit unterschiedlichen Rastern, bestimmt durch die Pixelmaße und -anzahl

Qualität von Fotos

Digitale Fotos sind Pixelgrafikdokumente, die in der Regel aus Millionen von Pixeln bestehen. Das Bearbeiten einzelner Pixel ist daher nicht sinnvoll. Programme für die Bearbeitung von Pixelgrafikdokumenten bieten Methoden an, die auf den Möglichkeiten der Fotografie aufbauen und viele oder alle Pixel auf einmal verändern. Dazu gehören zum Beispiel Einstellen der Kräftigkeit der Farben (Farbintensität) oder des Unterschiedes zwischen hellster und dunkelster Farbe (Kontrast), aber auch Effekte wie gewünschte Unschärfe, Verzerrungen oder Drehungen. Durch verschiedene Auswahlverfahren kann die Wirkung dieser Methoden auf einzelne Bildbereiche beschränkt werden.

Sehr oft benötigte Operationen sind das Vergrößern bzw. Verkleinern von Fotos und das Erstellen von Bildausschnitten. Eine entscheidende Rolle spielt dabei die **Auflösung** des Bildes, das heißt die Werte der Attribute AnzahlHorizontal und AnzahlVertikal. Je höher die Auflösung ist, desto mehr Details können dargestellt werden, desto mehr Speicherplatz benötigt aber das Dokument. Ebenfalls sehr wichtig für die Erscheinung des Bildes ist die Einstellung, wie viele Bildpunkte (Objekte der Klasse PIXEL) pro Längeneinheit vorhanden sind – die **Punktdichte**. Je höher die Punktdichte ist, desto schärfer wirkt das Bild. Die Punktdichte wird üblicherweise in Pixeln pro →Zoll angegeben, kurz →DPI.

→ Längenmaßeinheit von 2,54 cm, im Englischen inch genannt
→ engl.: dots per inch

8 Foto mit Variationen

2.5 Pixelgrafikdokumente

*Undurchsichtige Sachen

9 *Halbdurchsichtiges Objekt*

Eine Erweiterung der Klasse PIXEL erlaubt es, Bilder ganz oder teilweise durchsichtig zu machen. Durch diesen Effekt können Bilder in andere Bilder integriert werden, was auch bei Filmen ausgenützt wird. Abbildung 9 zeigt einen mehr oder weniger durchsichtigen Geist vor einem durchscheinenden Hintergrund.

Erreicht wird diese teilweise Durchsichtigkeit, indem man die Klasse PIXEL um ein viertes Attribut ergänzt, die Transparenz (Abbildung 10). Legt man zwei Bilder in zwei Ebenen pixelgenau übereinander, so bedeutet ein Wert von 0 % für das Attribut Transparenz des vorn liegenden Pixels, dass es völlig undurchsichtig ist und somit das darunter liegende Pixel verschwinden lässt. Ein Wert von 100 % bedeutet, dass es völlig durchsichtig ist – man sieht also nur das darunter liegende Pixel. Für alle dazwischen liegenden Werte wird die angezeigte Farbe als anteilige Mischung der Farben von unterem und oberem Pixel berechnet.

In Abbildung 11 wurde der grüne Geist mit einem Transparenz-Wert von 50 % (halbdurchsichtig) auf eine rot-blau-gelbe Fläche kopiert. Im rechten Teilbild kann man die beiden Bildanteile gut erkennen.

PIXEL
RotAnteil
GrünAnteil
BlauAnteil
Transparenz
RotGeben()
RotSetzen(anteilNeu)
…

10 *Erweiterte Klasse PIXEL*

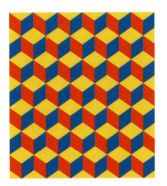 + 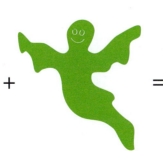 =

11 *Ein Geist erscheint*

Pixelgrafiken bestehen aus einzelnen rechteckigen Bildpunkten, Objekten der Klasse **PIXEL**. Die Pixel sind in einem Raster angeordnet.
Eine wichtige Eigenschaft von Pixelgrafikdokumenten ist die **Auflösung**, die Anzahl der Pixel in Breite und Höhe. Bei hoher Auflösung ist der Speicherbedarf hoch, bei geringer Auflösung besteht die Gefahr, dass das Bild gerastert aussieht.

2 Informationsdarstellung mit Grafikdokumenten

Aufgaben

1 Entdecken – Verstehen

Bearbeite jede Aufgabe zunächst am Computer. Falls du Schwierigkeiten mit Erklärungen hast, lies den entsprechenden Abschnitt in diesem Kapitel! Informiere dich auch im Werkzeugkasten 5 über die Nutzung eines Programms für Pixelgrafikdokumente.

a (*Abschnitt Vektor- und Pixelgrafiken*) Von deiner Lehrkraft erhältst du zwei gleich aussehende Grafikdokumente einer Lokomotive – eine Vektorgrafik und eine Pixelgrafik. Einige Objekte sind verrutscht. Schiebe sie wieder an die richtige Stelle. Begründe, welches Dokument hier vorteilhafter ist, und benenne die Gründe.

b (*Die Klasse PIXEL*) Öffne eine Pixelgrafik und verändere die Farbe eines einzelnen Pixels. Erzeuge dazu die Farben aus Abbildung 4 (Seite 41) und betrachte die Anteile von Rot, Grün und Blau. Welche Minimal- und Maximalwerte gibt es im Programm? Mische die Farbe des Objekts p7 aus Abbildung 5 (Seite 41), indem du die Farbangabe in Prozent in einen konkreten Wert umrechnest. Mische selbst weitere Farben und betrachte die Farbanteile. Erstelle die Objektkarte eines hellgelben Pixels.

c (*Das Pixelgrafikdokument*) Öffne eine Pixelgrafik und verdopple die Anzeigegröße mehrfach. Beschreibe knapp, wie sich die Qualität verändert. Erkläre die Qualitätsveränderung.

d (*Qualität von Fotos*) Öffne ein Foto mit einem geeigneten Bildbearbeitungsprogramm. Untersuche, wie sich das Bild bei Variation von Farbintensität, Helligkeit und Kontrast jeweils verändert. Mache die Änderung wieder rückgängig, ehe du die nächste Änderung vornimmst. Beschreibe, welche Auswirkung diese Änderungen auf die Attribute der Pixelobjekte haben.

e *(*Undurchsichtige Sachen*) Besorge dir ein Foto von dir oder von einer anderen Person und entferne den Hintergrund. Entwickle daraus vor einem geeigneten Hintergrund ein „geisterhaftes" Foto.

2 Die Schweizer Flagge in zwei Versionen

Die Schweizer Nationalflagge ist seit dem 16. Jahrhundert nationales Erkennungszeichen der Eidgenossen. Das Seitenverhältnis ist nicht gesetzlich festgelegt, aber im Allgemeinen hat sie eine quadratische Form.

a Wie viele Objekte benötigst du mindestens, um die Flagge mit einem Vektorgrafikprogramm zu erstellen? Schreibe die Objektnamen mit sinnvollen Bezeichnern auf.

b Wie viele Objekte benötigst du mindestens, um die Flagge mit einem Pixelgrafikprogramm zu erstellen? Begründe deine Anzahl knapp.

c Speichere die Dokumente aus den Teilaufgaben a) und b). Vergleiche die Dateigrößen.

d Äußere eine Vermutung, ob in diesem Beispiel ein Ausdruck der Pixelgrafik ein vernünftiges Ergebnis ergibt, und begründe sie.

3 Smiley als Pixelgrafik

a Nimm kariertes Papier und versuche, auf einem Ausschnitt von 10 × 10 Kästchen einen Kreis zu zeichnen, wobei jedes Kästchen ein Pixel darstellt und nur weiß oder schwarz sein darf. Begründe, warum du mit dem Ergebnis nicht zufrieden bist.

b Arbeitet nun im 4er-Team, um das Ergebnis aus a) zu verbessern: Jeder von euch zeichnet auf einem 10 × 10-Ausschnitt einen Viertelkreis. Schneidet diese 10 × 10-Kästchen aus und setzt die vier Viertelkreise zu einem Kreis zusammen. Vergleicht eure Strategie, einen Kreis zu zeichnen. Ist die Qualität des Kreises besser?

c Zeichne in einem Pixelgrafikprogramm einen Kreis. Treten dort die Probleme aus a) bzw. b) auf? Begründe deine Antwort knapp und verwende dabei die „Ansichtgröße".

2.5 Pixelgrafikdokumente

4 Pixelgrafiken aus dem 19. Jahrhundert
Pointillismus ist eine Stilrichtung in der Malerei, in der die Bilder aus kleinen regelmäßigen Farbtupfern in reinen Farben bestehen. Die Abbildung zeigt das Gemälde „Ein Sonntagnachmittag auf der Insel la Grande Jatte" von Georges Seurat.

Erkläre Gemeinsamkeiten und Unterschiede zwischen einem Pointillismus-Gemälde und einem Pixelgrafikdokument.

5 Farben mischen
In deinem Bildbearbeitungsprogramm kannst du auch Bildausschnitte mit einer vorgegebenen Farbe füllen sowie mit Pinsel oder Stift in beliebiger Farbe zeichnen. Diese Farbe kannst du über Regler bzw. Werte für Rot, Grün und Blau einstellen.
Zeichne ein Bild, bei dem du dich auf eine Farbe beschränkst, aber viele Farbtöne verwendest, zum Beispiel einen blauen Wassertropfen, ein grünes Blatt oder einen roten Edelstein.
Um diese Aufgabe lösen zu können, musst du die Einstellmöglichkeiten für Farbmischungen deines Bildbearbeitungsprogramms erkunden.

2 Informationsdarstellung mit Grafikdokumenten

6 Bilder verbessern

Du kannst für diese Aufgabe ein eigenes Bild verwenden, oder ein Bild, das deine Lehrkraft bereitstellt. Lies den Werkzeugkasten 5 durch. Wenn du nicht weißt, wie du die angegebenen Methoden aufrufen kannst, schau in der Hilfe deines Bildbearbeitungsprogramms nach.

a Öffne ein Bild. Ändere (nicht alle auf einmal!) die Werte für Helligkeit, Kontrast und Farbsättigung (Intensität der Farbe) und vergleiche mit dem Anfangsaussehen des Bildes. Probiere auch den größten bzw. kleinsten Wert aus, den die Einstellungen erlauben. Notiere deine Beobachtungen.
Um das Bild nicht für jeden Test neu öffnen zu müssen, kannst du nach jeder Veränderung mit „Bearbeiten → Rückgängig machen" den Anfangszustand wiederherstellen.

b Bei den Werkzeugen findest du auch verschiedene Möglichkeiten, die Schärfe eines Bildes zu verbessern. Wende diese Möglichkeiten auf ein unscharfes Bild an. Schau genau, was sich verändert. Entscheide, ob das Bild dadurch wirklich „besser" wird.

c Bildbearbeitungswerkzeuge bieten auch Möglichkeiten, Bilder zu verfremden – zum Beispiel, nur die Kanten anzuzeigen, Malereieffekte hervorzurufen oder das Bild zu verformen. Suche dir fünf solcher Möglichkeiten aus und teste sie. Überlege dir, wofür du diese Effekte verwenden könntest.

7 Ausschnitte erstellen

Du kannst für diese Aufgabe ein eigenes Bild verwenden oder ein Bild, das deine Lehrkraft bereitstellt. Notiere dir die Auflösung des Bildes.
Wähle einen kleinen Ausschnitt (etwa ein Fünftel von Länge und Breite). Kopiere ihn und erstelle ein neues Bild. Vergrößere dieses Bild so, dass es die Größe des ursprünglichen Bildes hat. Vergleiche die Auflösung, den Speicherplatz und die optische Qualität mit dem Original.

→ optischer Zoom: Der Bildausschnitt wird durch Veränderung der Optik der Kamera bestimmt.

8 Zoom bei Handys

Handykameras haben keinen → optischen Zoom, sondern nur einen elektronischen Zoom. Das bedeutet, das für das „Heranziehen" eines Bildes nur ein Teil des Bildsensors der Kamera genutzt wird und dieser Bereich dann (wie in Aufgabe 1c) vom Kameraprogramm vergrößert wird.
Bildet Gruppen, die mit mindestens einem Handy oder Tablet mit Kamera ausgerüstet sind. Macht mit euren Kameras mehrere Bilder mit möglichst großem Zoomwert. Schaut euch diese Bilder auf dem Computer an und beurteilt die Qualität im Vergleich zu Bildern mit sehr kleinem Zoomwert. Ändert hierzu die Ansichtsgröße auf das Dreifache, um den Unterschied deutlich zu erkennen. Überlegt euch, was man tun muss, um möglichst gute Qualität zu erhalten.
Bewerte die Aussage „Handyfotos sehen meist nur auf dem Handy gut aus".

9 Größe verändern – Speicherplatzoptimierung

Du kannst für diese Aufgabe ein eigenes Bild verwenden oder ein Bild, das deine Lehrkraft bereitstellt. Wenn du nicht weißt, wie du die angegebenen Methoden aufrufen kannst, lies den Werkzeugkasten 5 durch und schau in der Hilfe deines Bildbearbeitungsprogramms nach.
Mara wollte neulich fünf Fotos per Mail an Jule schicken. Sie hat die Fehlermeldung erhalten, dass die Datenmenge zu groß ist.
Finde mit dieser Aufgabe heraus, wie man bei Bildern Speicherplatz reduzieren kann!

2.5 Pixelgrafikdokumente

a Verändere die Auflösung des Bildes auf die Hälfte der ursprünglichen Auflösung und speichere das Bild unter einem neuen Namen. Verändere nun die Auflösung des Bildes auf ein Viertel der ursprünglichen Auflösung und speichere das Bild wieder unter einem neuen Namen.
Sieh dir im Dateisystem die Größe der drei Dateien an und vergleiche sie. Notiere das Ergebnis deines Vergleichs und erkläre, warum sich die Größen nicht halbiert haben.

b Beginne wieder beim ursprünglichen Bild. Verkleinere die Ansichtsgröße in deinem Grafikprogramm deutlich. Speichere die Grafik unter einem anderen Namen und vergleiche wieder die Dateigrößen. Erkläre das Ergebnis dieses Vergleichs.

c Nenne Gründe, warum Smartphone-Programme die Bilder beim Übertragen automatisch auf eine geringe Auflösung skalieren.

10 *(Un-)Durchsichtigkeit
Öffne zwei Bilder. Kopiere aus einem dieser Bilder einen Ausschnitt und füge ihn bei dem anderen Bild als eine neue Ebene ein. Ändere den Wert der Transparenz für alle Pixel dieser Ebene. Vergleiche den Effekt für verschiedene Werte der Durchsichtigkeit. Du kannst die Veränderungen am besten bei besonders hellen bzw. besonders dunklen Teilen des kopierten Bildes beobachten.

11 *Objekte verschieben
Das grün markierte Foto in Abbildung 12 soll verschoben werden. Schau dir Abbildung 12 genau an und beschreibe, wie die Verschiebung animiert wird. Nenne Gründe, warum das Objekt in der Mitte leicht durchsichtig ist.

12 Verschieben von Objekten

12 Unterschiedliches Arbeiten bei Pixel- und Vektorgrafikprogrammen
In Programmen für Pixelgrafikdokumente ist der Radiergummi ein wichtiges Werkzeug für Änderungen.
  a Erkläre, warum es in Vektorgrafikprogrammen keinen Radiergummi gibt.
  b Beschreibe, wie man in Vektorgrafikprogrammen Objekte löscht.
  c „In einer Vektorgrafik kann man leichter die Farbe eines Rechtecks ändern. In einer Pixelgrafik können leichter komplizierte Strukturen wie Gesichter gespeichert werden."
Nenne je einen weiteren Vorteil.

2 Informationsdarstellung mit Grafikdokumenten

 13 Pixelgrafik oder Vektorgrafik?
Entscheide und begründe bei den fünf Bildern, ob es jeweils sinnvoller ist, sie als Vektorgrafik oder als Pixelgrafik zu speichern:

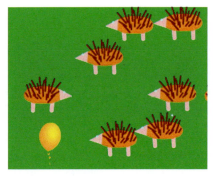

Das Siegel für Fairen Handel

  **14 Forschungsauftrag**

Die Stilrichtung Pixelart bei Computergrafiken verzichtet auf die Möglichkeit, hohe Auflösungen zu nutzen, und setzt das pixelartige Aussehen gezielt als Stil ein.

a Zeichne selbst ein solches Pixelart in einem neuen Pixelgrafikdokument der Größe 32×32. Überlege dir vor Beginn, ob du ein Tier, eine Frucht, eine Fantasiefigur … zeichnen möchtest.
Hinweis:
Um bei der niedrigen Pixelzahl zeichnen zu können, musst du die Ansicht deines Zeichenfensters stark vergrößern.

b Bei der Erstellung der Pixelgrafik war es sicher schwierig, mit den wenigen Bildpunkten auszukommen. Welche Hürden sind dir beim Zeichnen begegnet? Notiere zwei in deinem Heft, jeweils mit einer Erklärung, warum dies bei Pixelgrafiken so ist. Schreibe auch jeweils ein bis zwei Stichworte dazu, wie du das Problem gelöst hast.

c Du kannst dein Pixelart-Bild als Ordnersymbol verwenden. Erkundige dich bei deiner Lehrkraft bzw. im Internet, wie dies möglich ist.

d Deine Lehrkraft kann von euren Grafiken ein gemeinsames Pixelart-Poster erstellen. Für den Ausdruck sollten die Bilder jedoch vergrößert werden.
- Speichere deine Grafik vor der Größenänderung unter einem neuen Namen ab, damit die Originaldatei nicht verloren geht.
- Vergrößere die Grafik danach mit deinem Grafikprogramm auf 150×150 Pixel. (Sollte sich ein unscharfes Bild ergeben, so erkläre den Effekt und versuche es mit einer anderen Einstellung bei „Interpolation" noch einmal.)

48

Teste dich selbst!

T1 Objekte
a Benenne zwei Objekte aus deinem Zimmer, die keine Methoden haben. Zeichne jeweils eine Objektkarte mit drei Attributen.
b Finde in deinem Zimmer zwei Objekte, die zumindest eine Methode haben. Skizziere für ein Objekt eine Klassenkarte, für das andere eine Objektkarte.

T2 Begriffe zuordnen
Ordne die Umschreibungen in der rechten Spalte den Begriffen in der linken Spalte zu:

Klasse
Attribut
Methode
Objektbezeichner.Methodenname(wert)
Attributwert
Objektbezeichner.Attribut = wert
Objektbezeichner: Klassenname
Objektbezeichner

Merkmal
Fähigkeit eines Objekts
momentaner Wert des Merkmals
eindeutiger Name eines Objekts
Bauplan eines Objekts
Punktschreibweise für Methoden
Punktschreibweise für Attribute
Klassenangabe zu einem Objekt

T3 Bilderrätsel
a Notiere zu drei Unterschieden zwischen linkem und rechtem Bild die zugehörigen Attributwerte der rechten Abbildung in der Punktschreibweise für Attribute.
b Notiere zu vier weiteren Unterschieden die notwendigen Aufrufe, um vom linken zum rechten Bild zu gelangen.

13 Alles gleich?

2 Informationsdarstellung mit Grafikdokumenten

T4 Klassen- und Objektkarte
Übertrage vergrößert ins Heft und ordne die Texte in die richtigen Zeilen in der Klassen- und Objektkarte ein.

Tisch:RECHTECK   RECHTECK

Höhe   Füllfarbe = gelb

                                                    FüllfarbeSetzen(Wert)

Höhe = 5 cm   HöheSetzen(Wert)   Füllfarbe

T5 Pixel- und Vektorgrafik
a Beschreibe die wesentlichen Bestandteile einer Vektorgrafik und einer Pixelgrafik. Gib jeweils zu einer Objektart einige typische Attribute an.
b Nenne für die beiden Grafikarten jeweils einen Vorteil und einen sinnvollen Anwendungsbereich.

Zum Weiterlesen

Zum Weiterlesen

1 Aus der Praxis: Landschaftsarchitektin

„Ich heiße Beate Okresek und bin Landschaftsarchitektin. Beim Entwurf von Gebäuden arbeite ich mit einem speziellen Vektorgrafikprogramm, einem →CAD-Programm. Wie in deinem Vektorgrafikprogramm stellt auch hier die Methode *Zeichnen* Objekte mithilfe von mathematischen Zusammenhängen auf dem Bildschirm dar. Da die Zusammenhänge dreidimensional gespeichert sind, gibt es sogar mehrere Methoden *Zeichnen*, mit denen der Grundriss, Längsschnitte oder verschiedene Seitenansichten auf dem Bildschirm angezeigt werden können. Es sind auch 3-D-Ansichten möglich, die uns helfen, den Kunden von den Besonderheiten des Entwurfs zu überzeugen.

Das Beispiel in Abbildung 1 zeigt Pläne für ein Multifunktionalgebäude auf einem Universitätsgelände, das als Aussichtsplattform, als Kiosk oder Theke bei Festen, als Aufbewahrungsort und als Projektionsfläche für ein Open-Air-Kino genutzt werden kann. In Abbildung 2 sind das Gebäude und Teile des Außengeländes nach der Fertigstellung zu sehen.

→ CAD computer aided design engl.: computerunterstütztes Entwerfen

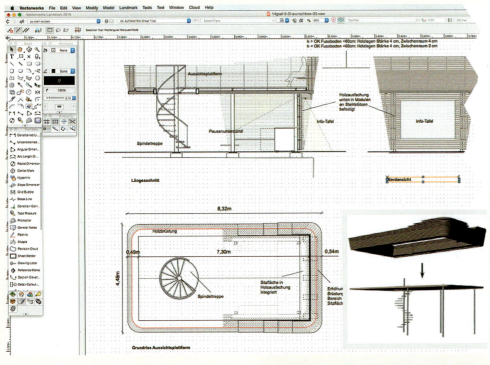

1 Arbeiten mit einem CAD-Programm

In meinem CAD-Programm gibt es Klassen für spezielle Objekte, wie sie im Baugewerbe wichtig sind. So muss man nicht jede Tür oder Treppe neu zeichnen. Da wir aber immer Sonderanfertigungen entwerfen, müssen wir viele Objekte aus grundlegenden Grafikobjekten zu komplizierteren Gebilden zusammenbauen (gruppieren). Solche zusammengesetzten Objekte kann ich kopieren und an verschiedenen Stellen wieder einfügen. Wie das Gruppieren geht, erfährst du in Kapitel 3.3!"

2 Das Multifunktionalgebäude nach der Fertigstellung

→ 3.3

51

Zum Weiterlesen

2 Als die Informationsmenge zu groß wurde

Für eine Ende des 19. Jahrhunderts in den USA durchgeführte Volkszählung wurde aufgrund der großen Datenmenge ein Auswertezeitraum von etwa 10 Jahren vorhergesagt. Durch den Einsatz von Maschinen, die der deutschstämmige Bergwerksingenieur Hermann Hollerith entwickelte, konnte die Auswertung in einem halben Jahr durchgeführt werden.

Damals trat immer öfter das Problem auf, dass Informationen in solcher Menge auszuwerten waren, dass die Bearbeitung Monate, ja sogar Jahre dauerte. In den folgenden Jahrzehnten entwickelte sich zur Lösung solcher Aufgabenstellungen eine völlig neue Wissenschaft, die Informatik.

Allerdings zeigte die Informatik schon sehr früh auch die Grenzen der maschinellen Berechenbarkeit auf. So gibt es Aufgaben, die zwar berechenbar sind, für die der Rechenaufwand aber so hoch ist, dass auch tausend- oder millionenmal so schnelle Rechner wie heute nur kleine Ausschnitte der Gesamtaufgabe lösen könnten, zum Beispiel die Wettervorhersage oder Luftströmungen an Fahrzeugen. Außerdem haben Informatiker bewiesen, dass es Aufgabenstellungen gibt, die von einer Maschine niemals gelöst werden können. So kann zum Beispiel kein Computerprogramm berechnen (entscheiden), ob ein beliebiges anderes Computerprogramm korrekt arbeitet. Das heißt: Eine automatische Überprüfung von Computern durch Computer ist nicht möglich.

1886	Hermann Hollerith entwickelt für Lochkarten die ersten Stanz-, Sortier- und Zählmaschinen zur Auswertung der Volkszählung 1890 in den USA.
1936	Alan Mathison Turing entwickelt ein Modell, wie ein Computer arbeiten könnte („Turing-Machine").
	Konrad Zuse entwickelt die erste programmgesteuerte Rechenanlage Z1 aus 2600 Relais (elektromechanische Schalter): 2000 zum Speichern der Daten, 600 zum Rechnen.
1945	Fertigstellung der ersten voll elektronischen Rechenanlage Eniac aus über 180 000 Elektronenröhren
1955	Fertigstellung der ersten Rechenanlage mit Transistoren
1958	Erste formal definierte Programmiersprache Algol 60
1969	Start des ArpaNet (Vorläufer des Internet)
1971	Entwicklung der ersten Mikroprozessoren. Sie übertreffen bereits die Leistungsfähigkeit des Eniac.
1977	Erster „Personal Computer" von Commodore („PET")
1986	Patent auf 3D-Drucker
1991	Entwicklung des World Wide Web und der Sprache HTML
1993	Öffnung des Internet für die Allgemeinheit
2007	Erstes Smartphone
2010	Verbreitung von Tablets auf dem Markt
2012	Verbreitung der 3D-Drucker auf dem Markt

Zum Weiterlesen

2 Relaisrechner Z1 und Konrad Zuse   *3 Röhrenrechner Eniac*

3 Wie der Computer speichert

Der Hintergrundspeicher verliert seine Daten beim Ausschalten des Computers nicht. Er besteht heute aus magnetischen Speichermedien (zum Beispiel Festplatte, früher auch Floppy-Disk oder Magnetband), optischen Speichermedien (zum Beispiel CD, DVD) oder elektronischen Speichermedien (SSD-Platte, USB-Speicherstick). Früher wurden auch Medien aus Papier (Lochkarten, Lochstreifen) als Hintergrundspeicher verwendet.

Alle Darstellungen der Information sowohl auf dem Hintergrundspeicher als auch im Arbeitsspeicher beruhen auf Verfahren, die mit zwei Zuständen auskommen (oft mit „0" und „1" bezeichnet). Die Lochkarte verwendet „Loch" oder „nicht Loch", die CD lange oder kurze Gruben, der Arbeitsspeicher „Spannung" oder „nicht Spannung".

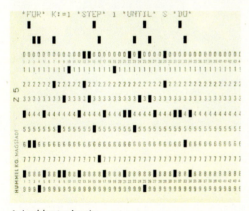
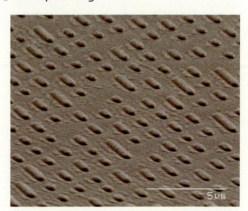

1 Lochkarte, Ausriss   *2 Compact Disk*

	Arbeitsspeicher	Hintergrundspeicher
Zugriff	schnell	langsam
Verfügbarkeit	kurzlebig	dauerhaft
Information liegt vor als	Dokument	Datei

3 Vergleich Hintergrundspeicher – Arbeitsspeicher

53

Zum Weiterlesen

4 Farbdarstellungen

Wie genau sind Farben?

Für die Darstellung von Farben werden mindestens drei Werte benötigt (Rot-, Grün- und Blauanteil). Bei einem Foto mit Millionen von Pixeln kommen da schnell sehr große Datenmengen zusammen. Deshalb ist es oft wichtig, die Genauigkeit der Farbangabe zu begrenzen, um Platz zu sparen.

In einfachen Fällen umfasst der Wertebereich für die Farbwerte die ganzen Zahlen von 0 bis 255, was insgesamt 256 · 256 · 256 = 16 777 216 Farben erlaubt. Bei dieser Abstufung sind die Grenzen zwischen zwei benachbarten Farben für das Auge aber (gerade) noch erkennbar. Diese Abstufungen werden zum Beispiel für Schrift- und Füllfarben im Internet verwendet.

Für Fotos wird heute ein Wertebereich von 0 bis etwa 65 000 für jeden Farbanteil verwendet, was den doppelten Speicherplatz der einfachen Darstellung benötigt. Die Fotosensoren üblicher Kameras unterscheiden zwar nur 16 000 Werte pro Farbanteil, aber diese Art der Darstellung würde auch nicht weniger Platz verbrauchen. Für höchstwertige Fotos und Farbreproduktionen wird ein Wertebereich von 0 bis etwa 4 Milliarden für jeden Farbanteil verwendet, das entspricht dem vierfachen Speicherplatzbedarf der einfachen Darstellung.

Andere Farbbeschreibungen

Für die meisten Zwecke ist die in Kapitel 2.5 beschriebene additive Farbdarstellung aus den Rot-, Grün- und Blauwerten optimal. Ein Drucker aber erzeugt die Farben anders. Durch Übereinanderdrucken verschiedener Farben werden immer mehr Anteile des weißen Lichts ausgefiltert, im Extremfall entsteht Schwarz (subtraktive Farbmischung).

In dieser Darstellung werden die Werte für Cyan-, Magenta- und Gelbanteil angegeben; das sind die optimalen Farbkomponenten für den Druck. Ergänzt werden diese drei Farben aus Kostengründen noch um eine Schwarzpatrone. Dadurch benötigt man für Schwarz nur eine Tinte und nicht drei.

1 Subtraktive Farbmischung

Die Klasse PIXEL hat in dieser Darstellung die Attribute CyanAnteil, MagentaAnteil, GelbAnteil und SchwarzAnteil; die Abkürzung für diese Darstellung lautet CMYK für **C**yan, **M**agenta, **Y**ellow, blac**K**.

Die subtraktive Farbmischung verwendest du übrigens auch beim Malen mit Wasserfarben.

Im Farbwähler deines Pixelgrafikprogramms findest du oft auch die Bezeichnung HSV. Hier kannst du zuerst den Farbton (englisch hue) einstellen, danach die Kraft der Farbe (englisch saturation) und die Helligkeit (im Englischen steht hier value für Helligkeitswert).

3 Informationsdarstellung mit Textdokumenten

In diesem Kapitel wirst du mit Texten arbeiten. Im Fach Deutsch ist es bei Texten wichtig, über ein Ereignis spannend und mit korrekter Sprache zu berichten. In der Informatik liegt der Schwerpunkt auf der Darstellung der Texte. Auch hier hilft dir die in Kapitel 2 erlernte Denkweise in Objekten und Klassen.

3.1 Auch Buchstaben sind Objekte

Bericht vom Vulkanausbruch
Der Vater von Laura ist Reporter. Er hat seinen Zeitungsbericht über einen Vulkanausbruch mit einem Textverarbeitungsprogramm erstellt. Damit kann er ihn nicht nur leicht bearbeiten, sondern danach auch gleich auf elektronischem Wege (siehe Band 2: „Austausch von Information") an die Redaktion senden.

Vulkan Popipepapitel spuckt Lava

Insel Ialaohoha Gestern brach überraschend der Vulkan Popipepapitel aus. Der Aschenregen, Gesteinsbrocken und die heiße Lava zerstörten Anbaugebiete und Wohnhäuser in einem Umkreis von einem Kilometer. Verletzt wurde niemand.

Am frühen Morgen erschreckte ein lautes Rumoren die Anwohner der kleinen Insel Ialaohoha. Sie verließen fluchtartig ihre Häuser und liefen zum Strand hinunter. Kurze Zeit später schoss eine große Aschenwolke aus dem Vulkanschlund, die sich kilometerhoch in den blauen Himmel erstreckte.

Gefolgt wurde dieser Aschenregen von einer heftigen Eruption. Heißes Gestein wurde mit großer Wucht aus dem Vulkan geschleudert und flüssige Lava ergoss sich in breiten Strömen zu Tale und zerstörte die Wohnhäuser auf den Hanglagen. Begleitet wurde der Ausbruch durch ein Erdbeben der Stärke 5 auf der Richterskala.

Der Ausbruch war selbst für die Experten überraschend, denn seit 1827 hatte der Popipepapitel keinen Ausbruch und die Vulkanologen stuften den Vulkan als ungefährlich ein. Aus diesem Grund hatte die Bevölkerung in den letzten Jahren an den fruchtbaren Hängen des Vulkans viele Anpflanzungen errichtet, die jetzt vollständig unter dem Aschenregen begraben sind.

1 Zeitungsbericht

Versuche, das Aussehen des Textes zu beschreiben! Welche Objekte erkennst du im Text? Welche Objekte haben gleiche Attribute, welche Klassen könnte es damit geben?

3 Informationsdarstellung mit Textdokumenten

Beim Lesen gliedern wir den Text in Absätze, Sätze, Wörter und Buchstaben. Sätze und Wörter sind für uns wichtig, damit wir die Bedeutung des Textes, also die im Text enthaltene Information, erkennen. Um die Arbeitsweise eines Textverarbeitungsprogramms zu verstehen, betrachten wir dagegen die kleinsten Teile des Textes, die **Zeichen**, als Objekte. Die Zeichen können Buchstaben, Ziffern, Sonderzeichen (;,:.?!$€☺) oder Leerzeichen sein. Sie können schräggestellt sein, wie bei *„lalaohoha"*, oder ein ganz anderes Aussehen haben, wie in der Überschrift. Der Text in Abbildung 2 zeigt weitere Gestaltungsmöglichkeiten.

Geburtstagseinladung
Laura feiert Geburtstag. Alle Freundinnen und Freunde bekommen eine eigene Einladung, schön bunt und lustig. Lauras Textverarbeitungsprogramm kann ja so viele Sachen – sie kennt noch lange nicht alle!

 Welche Attribute der Zeichen hat Laura für die Gestaltung ihrer Einladung verwendet? Welche Werte hat sie diesen Attributen gegeben? Haben manche Zeichen die gleichen Attributwerte?

Das auffälligste Attribut in Lauras Einladung ist die Farbe der Zeichen (Schriftfarbe). Weiter sind die Zeichen des Wortes „Schneeschloss" dicker als die anderen Zeichen. Das Attribut **fett** ist dafür verantwortlich. Die Zeichen von „Geburtstag" sind schräg gestellt. Hier ist das Attribut *kursiv* zuständig. Durch das zusätzliche Unterstreichen hebt sie die Uhrzeit der Geburtstagsfeier besonders hervor.

> **Einladung**
> zur Geburtstagsfeier
>
> Lieber **Tobias** ☺,
> am *18. Februar* feiere ich meinen *Geburtstag*.
>
> Wir treffen uns um <u>*14.00 Uhr*</u>
> bei mir.
> Wenn schönes Wetter ist,
> bauen wir ein **Schneeschloss**.
> Wenn es regnet, spielen wir drinnen.
> Zum Abendessen gibt es Pizza.
>
> Laura

2 Geburtstagseinladung

Die Klasse ZEICHEN
Die Attribute **fett**, *kursiv*, schattiert usw. fallen unter den Sammelbegriff **Schriftstile**. Das Besondere an ihnen ist, dass bei diesen Attributen als Werte nur „ja" oder „nein" möglich sind. Andere Sprechweisen sind: Es gilt oder gilt nicht bzw. es ist aktiv oder nicht aktiv. Man nennt diese Werte →**boolesche Werte** (auch Wahrheitswerte oder logische Werte). Es können mehrere Schriftstilattribute gleichzeitig aktiv sein, zum Beispiel **fett** und *kursiv*.

→ George Boole, englischer Mathematiker (* 1815; † 1864); boolesche Algebra

Attribut	Attributwert	Aussehen
fett	ja	**Testzeichen**
kursiv	ja	*Testzeichen*
durchgestrichen	ja	~~Testzeichen~~
schattiert	ja	Testzeichen

3 Schriftstilattribute

Zeichen können unterstrichen sein wie bei „14.00 Uhr". Das Attribut unterstrichen hat hier den Wert einfach. Weitere Attributwerte zeigt die nächste Tabelle:

56

3.1 Auch Buchstaben sind Objekte

Attribut	Attributwert	Aussehen
unterstrichen	nicht	Testzeichen
unterstrichen	einfach	Testzeichen
unterstrichen	doppelt	Testzeichen
unterstrichen	punktiert	Testzeichen

4 Das Attribut unterstrichen

→ L6

Die Überschrift der Geburtstagseinladung ist deutlich größer als der restliche Text. Dieses Attribut nennt man Schriftgröße (oder Schriftgrad). Die Werte werden in der Einheit Punkt angegeben. Es gilt: 1 pt (Punkt) = 1/72 inch = 0,3528 mm

Attribut	Attributwert	Aussehen
Schriftgröße	9 Punkt	Testzeichen
Schriftgröße	12 Punkt	Testzeichen
Schriftgröße	20 Punkt	Testzeichen
Schriftgröße	30 Punkt	Testzeichen

5 Das Attribut Schriftgröße

Die Zeichen in der Überschrift der Einladung haben eine ganz andere Form als im restlichen Text. Dafür ist das Attribut Schriftart verantwortlich. Die Schriftarten haben meist sehr eigenartige Namen, die von den →Designern der Schrift gewählt wurden.

→ engl., Gestalter der Form

Attribut	Attributwert	Aussehen
Schriftart	Times	Testzeichen
Schriftart	Helvetica	Testzeichen
Schriftart	Courier	Testzeichen
Schriftart	Zapf Dingbats	✶✸✩✵✹✲
Schriftart	Symbol	Τεστζειχηεν

6 Das Attribut Schriftart

Hinweis: Zu Textverarbeitungsprogrammen wird meist eine große Auswahl von Schriftarten mitgeliefert. Sei jedoch bei der Verwendung ausgefallener Schriften vorsichtig! Wenn der Empfänger deines Dokuments auf seinem Rechner die Schrift nicht zu Verfügung hat, sieht das Dokument dort anders aus als bei dir!

In deinem Schulbuch zur Mathematik ist dir bei der Flächen- und Volumenmessung sicher schon aufgefallen, dass man für die Maßeinheiten noch ein anderes Zeichenattribut benötigt. Den Flächeninhalt eines Quadrates mit den Seitenlängen 1 m bezeichnet man zum Beispiel kurz mit 1 m. Im Attribut Schriftposition lässt sich angeben, um wie viel Punkt das Zeichen von der normalen Schreiblinie abweicht. Üblicherweise werden Abweichungen nach oben mit positiven Zahlen, nach unten mit negativen angegeben.

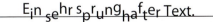  Schreiblinie

7 Das Attribut Schriftposition

57

3 Informationsdarstellung mit Textdokumenten

→ L7

Das wesentliche Attribut jedes Objekts der Klasse ZEICHEN ist die Information, was dargestellt werden soll. Wir nennen dieses Attribut Inhalt. In *Zum Weiterlesen 7* kannst du dich informieren, wie dieses Attribut interpretiert wird.

Nicht nur die Buchstaben haben die beschriebenen Attribute, sondern auch die Ziffern, die Satzzeichen oder auch besondere Zeichen wie „☺" oder das Leerzeichen „ ". Textverarbeitungsprogramme unterscheiden hier nicht zwischen Buchstaben, Ziffern und Sonderzeichen. Sie alle gehören zur Klasse **ZEICHEN**.

Setzen von Attributwerten

→ W7

Die Methoden zum Setzen von Attributwerten für Zeichen werden ähnlich aufgerufen wie bei den Grafikobjekten. Das Objekt wird ausgewählt und dann werden über Schaltflächen einer Werkzeugleiste, Menüauswahlen oder Einstellungen in einem Dialog die (neuen) Attributwerte angegeben.

Meist ändert man nicht die Attributwerte eines einzelnen Zeichens, sondern die Attributwerte mehrerer aufeinander folgender ausgewählter Zeichen, einer sogenannten **Zeichenkette**.

Bezeichner von Objekten der Klasse ZEICHEN

Wie in Grafikdokumenten haben auch in Textdokumenten die Objekte eindeutige Bezeichner. Nur so kannst du jemandem exakt mitteilen, welches Zeichen der Geburtstagseinladung wie aussehen soll. Eine Möglichkeit ist, die Zeichen durchzuzählen und ihnen Nummern als Bezeichner zu geben, wie „Zeichen27" oder kürzer „Z27".

Die Überschrift in der Geburtstagseinladung (Abbildung 2, Seite 56) kannst du in der üblichen Punktnotation dann so beschreiben:

    Zeichen1.Schriftfarbe = blau
    Zeichen2.Schriftfarbe = rot
    Zeichen3.Schriftfarbe = …

… und zugleich für alle Zeichen der Zeichenkette „Einladung":

    Schriftart = Helvetica
    Schriftgröße = 16 Punkt
    schattiert = ja

Du kannst auch für alle ausgewählten Zeichen auf einmal eine Methode aufrufen.
Für alle Zeichen der Zeichenkette „Pizza":

    FettSetzen(ja)
    UnterstrichenSetzen(einfach)

Die grundlegenden Objekte in Textdokumenten sind Objekte der Klasse **ZEICHEN**.
Wichtige Attribute dieser Klasse sind:
Schriftart, **Schriftgröße**, **Schriftstil (fett, kursiv, …)**, **Schriftfarbe**.
Eine zusammenhängende Folge von Zeichen heißt **Zeichenkette**.

3.1 Auch Buchstaben sind Objekte

Die Klasse ZEICHEN hat bei einem leistungsfähigen Textverarbeitungsprogramm im Wesentlichen folgenden Umfang:

Klasse	Objekt der Klasse
ZEICHEN	**Zeichen7**
Inhalt Schriftart Schriftgröße fett kursiv unterstrichen durchgestrichen schattiert Schriftposition Schriftfarbe …	Inhalt = „A" Schriftart = Times Schriftgröße = 48 pt fett = nein kursiv = nein unterstrichen = nicht durchgestrichen = nein schattiert = nein Schriftposition = 0 pt Schriftfarbe = schwarz
SchriftartSetzen(Name) FettSetzen(Wert) KursivSetzen(Wert) … Kopieren() Löschen() … Zeichnen()	

8 *Die Klasse ZEICHEN und ein Objekt Zeichen7*

Weniger ist mehr

Das ***Verwenden*** von <u>sehr</u> vielen verschiedenen Attributwerten <u>**verringert**</u> die **<u>Übersichtlichkeit</u>** eines `Textes`. Es ist dann nur **schwer** erkennbar, welche der *Informationen* <u>wichtig</u> sind, oder?

9 *Viele Attributwerte*

Hinweis: In diesem Kapitel üben wir das Setzen von unterschiedlichen Attributwerten. Trotzdem: Verwende nicht zu viele unterschiedliche Attributwerte, um einen Text zu gestalten, denn dann wird er unübersichtlich! Nutze auffällige Attributwerte nur, um wesentliche Teile hervorzuheben.

3 Informationsdarstellung mit Textdokumenten

Aufgaben

1 Entdecken – Verstehen

  a Von deiner Lehrkraft erhältst du eine Textdatei als Vorlage.
  Verbessere die Übersichtlichkeit und Lesbarkeit, indem du Absätze einfügst und kleine Gestaltungen durchführst, zum Beispiel durch Veränderung der Schriftgröße und Schriftart. Falls nötig, helfen dir die Werkzeugkästen zu Kapitel 3 bei der Bedienung des Textverarbeitungsprogramms.
  In Grafikdokumenten hast du Objekte der Klassen RECHTECK, LINIE usw. kennengelernt. Auch in Textdokumenten gibt es Objekte. Beschreibe (im Heft) drei davon so, dass sie dein Nachbar „finden" kann. Gib jeweils einen geeigneten Namen für die zugehörige Klasse an.

  Lies bei jeder der folgenden Aufgaben den entsprechenden Abschnitt in diesem Kapitel, wenn du nicht selbst auf die Lösung kommst!

  b Finde heraus, welche Attribute ein Zeichen hat. Gib dazu mehrfach das gleiche Zeichen ein und verändere danach bei jedem Zeichen jeweils ein anderes Attribut. Notiere die Attribute und gib einen Attributwert dazu an.

  c Notiere zu zwei der Veränderungen aus b) die zugehörigen Methodenaufrufe in der Punktschreibweise.

  d Das Attribut Inhalt lässt sich nicht direkt verändern. Erkläre knapp, wie man deshalb bei Fehlern im Text vorgehen muss.

  e Manche Attribute werden selten verändert, zum Beispiel durchgestrichen und Schriftposition. Nenne für mindestens zwei solcher Attribute sinnvolle Anwendungsbeispiele.

2 Finde die Unterschiede!

  a Vom Text links zum Text rechts gibt es sechs Unterschiede. Finde diese möglichst schnell und notiere sie in der Punktnotation. (Beispiel: Zeichen1.Schriftgröße = …)

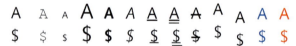

  b Betrachte die Veränderungen an den Zeichen „A" und „$". Nenne jeweils das Attribut, welches sich im Vergleich zum ersten Zeichen der Zeilen verändert. Notiere auch den neuen Attributwert.

  A A A **A A** A A A A **A** A A
  $ $ $ **$ $** $ $ $ $ **$** $ $

  c Die Zeichenfolge soll Schritt für Schritt aus dem ersten Zeichen entwickelt werden. Notiere für jeden Schritt die notwendigen Methodenaufrufe.

3 Einladung

  a Gestalte selbst eine Einladung zu einem Schulkonzert, einem Sportfest, einer Geburtstagsfeier, einem Flohmarkt oder zu etwas Ähnlichem. Achte sowohl auf eine nette Gestaltung als auch auf Übersichtlichkeit und halte die Einladung knapp.

  b Überprüfe, ob in deinem Text bei Attributen der Klasse ZEICHEN mehr als zwei verschiedene Werte vorkommen, beispielsweise vier verschiedene Schriftgrößen. Falls dies der Fall ist: Begründe, warum diese Gestaltung zur Übersicht beiträgt oder reduziere die Anzahl verschiedener Attributwerte.

  c Ändere die Schriftart deiner Einladung zunächst auf Arial, dann auf Courier. Beschreibe, wie sich der Charakter der Einladung durch die jeweils andere Schriftart ändert.

3.1 Auch Buchstaben sind Objekte

4 Gleiche Methode, verschiedene Wege
  a Nenne unterschiedliche Möglichkeiten deines Programms zum Aufrufen der Methode *SchriftartSetzen* für ein Zeichen oder eine Zeichenkette? Nenne die unterschiedlichen Möglichkeiten. Erkläre knapp, warum es dafür mehrere Wege gibt.
  Tipp: Falls du nur einen Weg findest, kann dir der Werkzeugkasten helfen.
  b Schreibe die Gleichung „$2^8 = 256$" und den Satz „H_2O ist Wasser." in ein Textdokument. Verwende dabei direkt ein Symbol der Werkzeugleiste oder einen Menüpunkt, um hoch- bzw. tiefzustellen. Begründe in einem Satz, warum nicht nur der Wert der Schriftposition, sondern noch ein weiterer Attributwert verändert wurde.

→ W8

5 Sichtbare Attributwerte des Leerzeichens
Auch das Leerzeichen „ " hat alle Attribute der Klasse ZEICHEN. Nenne die Attribute, deren Wert du am Aussehen des Leerzeichens erkennen kannst. Ändere dazu die Attributwerte eines beliebigen Leerzeichens. Beschreibe knapp eine Vorgehensweise, wie du auch Attributwerte herausfinden kannst, die nicht sichtbar sind.

6 Attribute der eigenen Handschrift
Wie viele Attribute kannst du bei deiner eigenen Handschrift verändern? Schreibe den Satz „Informatik macht Spaß" fünf Mal und verändere jeweils den Wert eines Attributs.

7 Formeln
Franziska muss für eine Zusammenfassung in Mathematik folgende Berechnung mit einem Textverarbeitungsprogramm schreiben: V = 0,2 m • 0,1 m • 5 cm = 1000 cm³
Schreibe den Ausdruck in ein Textdokument und verfasse dann eine kurze Anleitung für Franziska.
Hinweis: Für den Malpunkt benötigst du ein Sonderzeichen.

8 Geschichte eines Luftballons

Es war einmal ein blauer Luftballon. Er war klein und schrumpelig. Vor vielen Wochen ist er aus einer Tasche auf den Boden heruntergefallen. Niemand hat es gemerkt und seitdem liegt er im Staub. Darüber ist der kleine blaue Luftballon traurig. Aber was passiert heute? Eine Kinderhand greift nach ihm. Sie putzt den kleinen blauen Luftballon und bläst ihn dann mit aller Kraft auf. Zunächst geht es sehr schwer, aber dann wird der Luftballon größer und weiter, größer und weiter. Plötzlich entgleitet er jedoch der Kinderhand und fliegt mit einem seltsamen Geräusch hoch an die Zimmerdecke. Aber er fliegt keineswegs gerade, sondern

        torkelt von der Mitte

                                            nach rechts

    zurück zur Mitte

                                            wieder nach rechts

und dann nach links.
Doch dann hat er keine Luft mehr, fällt wieder auf den Boden herunter und, da das Kind etwas anderes Interessantes entdeckt hat, bleibt er dort liegen.

  a Welche Besonderheiten hat die Darstellung der „Geschichte eines Luftballons"?
  b Schätze für jedes Zeichen des Wortes „größer" in Zeile 6 die Attributwerte der Schriftgröße und notiere sie in Kurzschreibweise.
  Überlege nun, ob Schriftgröße als Attribut einer Klasse WORT sinnvoll wäre!
  c Gestalte den Text mit deinem Textverarbeitungsprogramm nach.

3 Informationsdarstellung mit Textdokumenten

 9 Bergwanderung
Gestalte den folgenden Text so, dass du alle in Klammern stehenden Adjektive durch geeignete Veränderung der Zeichen des zugehörigen Hauptworts ersetzt. (Ersetze zum Beispiel „[hoher Berg]" durch „**Berg**".)

 Gestern bin ich durch unsere [weite, grüne] Landschaft gewandert. Die [goldene] Sonne stand [hoch] am [tiefblauen] Firmament, keine [klitzekleine, graue] Wolke war zu sehen. Ein [hoppelnder] Hase sprang durch das [hohe, hellbraune, durch den Wind geneigte] Getreide. Von einer [lang gezogenen, stark durchhängenden] Hängebrücke sah ich im [tiefen] Tal einen [riesigen braunen] Bären. Am [steilen blauen] Wasserfall entlang wanderte ich zurück nach Hause.

  10 Forschungsauftrag
a Erkunde Zeitungen und Zeitschriften (einschließlich der darin befindlichen Anzeigen) hinsichtlich der Zeichenformatierung. Beschreibe an zwei unterschiedlichen Beispielen knapp, wie die inhaltliche Botschaft durch die Zeichenformatierung unterstützt wird.
b Finde heraus, was Serifen sind und wozu sie dienen. Erkunde dein Textverarbeitungsprogramm hinsichtlich Schriftarten mit und ohne Serifen und notiere jeweils zwei Beispiele.
Entscheide dich für den Typ, der dir besser gefällt, und gestalte selbst den Anfangsbuchstaben deines Vornamens in einem Grafikprogramm.
Für gedruckte Romane werden meist Schriftarten mit Serifen verwendet. Welche Gründe sind nach deiner Meinung dafür ausschlaggebend?
c Erkunde, was proportionale und nichtproportionale Schriftarten sind und wozu man sie einsetzt. Finde in deinem Textverarbeitungsprogramm Beispiele für diese Schriftarten.
d Die Wahl der Schriftart ist für die Lesbarkeit des Textes von Bedeutung. Überlege dir anhand der zwei Beispiele, welche Probleme dabei entstehen können.
Worauf muss man beim Entwurf neuer Schriftarten achten? Informiere dich zum Thema „Gestaltung von Schriften" bei deiner Kunstlehrkraft.

Text1:

Inge schöpft 11 l Isarwasser in den Eimer.

oder

Inge schöpft 11 l Isarwasser in den Eimer.

Text2:

Otto hat die Ausweisnummer bA2OOg1lII.

oder

Otto hat die Ausweisnummer bA2OOg1lII.

3.2 Absätze bringen Übersicht

Textgestaltung

Laura hat Geburtstag und ihr Vater erfindet für sie ein Märchen. Zuerst tippt er einfach den Text ein, anschließend gestaltet er ihn:

Der Ring Der Prinz ritt noch in der gleichen Nacht nach dem Gespräch mit dem Fremden los. Der Himmel war bedeckt, nur ab und zu drang das bleiche Licht des Mondes durch und erhellte den Pfad. Seine Gedanken aber schweiften in die Ferne. Immer wieder wiederholte er in Gedanken die Worte, die die Prinzessin so oft geträumt hatte, obwohl diese unauslöschlich in sein Gedächtnis eingegraben waren. Suche den magischen Ring in einer Vollmondnacht. Dem, der ihn gewinnt, bringt er unendliche Macht. Doch wo sollte er die Suche beginnen? Nirgendwo in den alten Legenden hatten er und die Prinzessin einen Hinweis auf einen magischen Ring gefunden. Und doch musste er ihn in dieser einen Nacht finden.

1 Märchen ohne Absätze

Der Ring

Der Prinz ritt noch in der gleichen Nacht nach dem Gespräch mit dem Fremden los. Der Himmel war bedeckt, nur ab und zu drang das bleiche Licht des Mondes durch und erhellte den Pfad.

   Seine Gedanken aber schweiften in die Ferne. Immer wieder wiederholte er in Gedanken die Worte, die die Prinzessin so oft geträumt hatte, obwohl diese unauslöschlich in sein Gedächtnis eingegraben waren.

   Suche den magischen Ring in einer Vollmondnacht. Dem, der ihn gewinnt, bringt er unendliche Macht.

   Doch wo sollte er die Suche beginnen? Nirgendwo in den alten Legenden hatten er und die Prinzessin einen Hinweis auf einen magischen Ring gefunden. Und doch musste er ihn in dieser einen Nacht finden.

2 Märchen mit Absätzen

Obwohl in den Abbildungen 1 und 2 alle Zeichen die gleichen Attributwerte haben, kannst du in dem rechten Text klarer eine Struktur erkennen.

Auf welche Weise wird in Abbildung 2 die Lesbarkeit verbessert? Welche neuen Objekte sind hierzu nötig? Welche Attribute könnten diese Objekte haben? Kannst du sogar Werte für diese Attribute angeben?

Der rechte Text ist in fünf inhaltlich zusammengehörende Bereiche, sogenannte **Absätze**, unterteilt. Durch Absätze werden lange Texte gegliedert. So wird das Lesen und Verstehen erleichtert. Um die Absätze deutlich voneinander abzugrenzen und besondere Absätze hervorzuheben, gibt es einige Gestaltungsmöglichkeiten.
Der Text in Abbildung 2 hat fünf Absätze. Der erste Absatz, die Überschrift, steht genau in der Mitte der Zeile. Der zweite, dritte und fünfte Absatz geht auf beiden Seiten bis zum Rand der Seite, nur die erste Zeile ist bei Absatz drei und fünf links etwas eingerückt. Der vierte Absatz ist links und rechts eingerückt. Sein rechter Rand bildet keine durchgehende Linie. Zwischen den Absätzen ist mehr Abstand als zwischen den Zeilen eines Absatzes, im vierten Absatz ist der Zeilenabstand kleiner als bei den anderen Absätzen.

3 Informationsdarstellung mit Textdokumenten

Objekte der Klasse ABSATZ

Absätze sind eigenständige Objekte in Textdokumenten. In der Regel wird ein Objekt der Klasse ABSATZ durch das Drücken der <RETURN>-Taste ↵ erzeugt.

! **Hinweis:** Textverarbeitungsprogramme fügen hier ein Absatzendesymbol (in der Regel ¶) in den Text ein. Dieses kann sichtbar gemacht oder ausgeblendet werden.
Zeichen wie das Absatzendesymbol nennt man **Steuerzeichen**, da sie nicht zum eigentlichen Text gehören, sondern Information für das Programm enthalten.

Mit dem Attribut Ausrichtung geben wir an, ob und wie der Text parallel zum Seitenrand ausgerichtet ist.

Attribut	Attributwert	Aussehen
Ausrichtung	linksbündig	Wenn ich in ein Schulheft schreibe, sind die Zeilen immer unterschiedlich lang gefüllt, sie beginnen aber am linken Rand.
Ausrichtung	rechtsbündig	Infohausen, den 2.2.2022 Rechtsbündige Ausrichtung wird zum Beispiel bei Ort und Datum in Briefen verwendet.
Ausrichtung	zentriert	Ein Gedicht schreibt man nicht an den Rand – dies ist bekannt. Man schreibt es bitte in die Mitte.
Ausrichtung	Blocksatz	In Zeitungen und Büchern sind die Spalten immer vom linken bis zum rechten Spaltenrand gefüllt. Dabei werden die Lücken gestreckt, wodurch der verfügbare Platz aufgefüllt wird.

3 Das Attribut Ausrichtung

Du kannst den Text links oder rechts einrücken. Dafür gibt es die Attribute EinzugLinks und EinzugRechts. Sie bestimmen den Abstand des Textes zum linken und rechten Rand. Mit dem Attribut EinzugErsteZeile kann man für die erste Zeile eines Absatzes einen von EinzugLinks verschiedenen Wert festlegen. Die Werte können je nach Textverarbeitungsprogramm in Punkt oder cm angegeben werden.

Attribut	Attributwert	Aussehen
EinzugLinks	0,5 cm	Dieser Text ist vom linken Rand ein gutes Stück entfernt.
EinzugRechts	1 cm	Dafür hält dieser Text Abstand vom rechten Rand.
EinzugErsteZeile	0,5 cm	In Aufsätzen und Büchern rückt man manchmal zur Übersichtlichkeit in der ersten Zeile etwas ein.
EinzugErsteZeile EinzugLinks EinzugRechts	0 cm 0,5 cm 0 cm	Manchmal lässt man zur Hervorhebung des Absatzbeginns die erste Zeile auch etwas vorstehen.

4 Die Einzugsattribute

3.2 Absätze bringen Übersicht

Darüber hinaus kannst du die Übersichtlichkeit zusätzlich erhöhen, indem du den Abstand zum vorhergehenden oder nachfolgenden Absatz mit den Attributen AbstandVor bzw. AbstandNach sinnvoll einstellst.

Attribut	Attributwert	Aussehen
AbstandVor	3 pt	*vorhergehender Absatz*
		Der Abstand zum vorhergehenden Absatz ist 3 Punkt.
AbstandNach	6 pt	Der Abstand zum nachfolgenden Absatz ist 6 Punkt.
		nachfolgender Absatz

5 *Die Abstandsatttribute*

Innerhalb eines Absatzes kannst du den Zeilenabstand einstellen. Der Wert dieses Attributs kann mit den Werten 1-, 1,5- und 2-zeilig angegeben werden. Meist sind auch Abstandsangaben in Punkt möglich.

Dieser Absatz hat einzeiligen Zeilenabstand.	Dieser Absatz hat 1,5-zeiligen Zeilenabstand.	Dieser Absatz hat 2-zeiligen Zeilenabstand.

6 *Das Attribut Zeilenabstand*

Objekte der Klasse **ABSATZ** sind in Textdokumenten immer vorhanden.
Wichtige Attribute und Attributwerte dieser Klasse sind: **Ausrichtung**, **EinzugLinks**, **EinzugRechts**, **EinzugErsteZeile**, **AbstandVor**, **AbstandNach**, **Zeilenabstand**.

Die **Klasse ABSATZ** hat bei einem leistungsfähigen Textverarbeitungsprogramm die Struktur wie in Abbildung 7.

Bezeichner für Absatzobjekte

Auch Objekte der Klasse ABSATZ haben Bezeichner. Nahe liegend sind Bezeichner wie Absatz1, Absatz2 oder A1, A2 usw. Du kannst aber auch aussagekräftigere Bezeichner wählen, zum Beispiel könntest du den ersten Absatz in Abbildung 2 (Seite 63) statt mit Absatz1 mit Überschrift bezeichnen; Absatz4 in Abbildung 2 könntest du Gedicht nennen. Durch die eindeutige Namensgebung können wir Attributwerte in gewohnt kurzer Weise angeben:
Absatz4.Ausrichtung = linksbündig.

Die Zwischenablage

Genau wie in Zeichenprogrammen kannst du auch in Textverarbeitungsprogrammen die Zwischenablage verwenden, um Teile deines Dokuments zu kopieren oder zu verschieben.
Beachte: Wenn du einen ganzen Absatz kopierst, dann werden die Attributwerte des Absatzes, alle Zeichen in dem Absatz und deren Attributwerte übertragen.

ABSATZ
Ausrichtung
EinzugLinks
EinzugRechts
EinzugErsteZeile
AbstandVor
AbstandNach
Zeilenabstand
...
AusrichtungSetzen(Wert)
EinzugLinksSetzen(Wert)
ZeilenabstandSetzen(Wert)
...
Kopieren()
Löschen()
...
Zeichnen()

7 *Die Klasse ABSATZ*

3 Informationsdarstellung mit Textdokumenten

Aufgaben

1 Lesen – Verstehen
Lies den Text dieses Kapitels und erstelle eine knappe Zusammenfassung bzw. notiere Fragen an die Lehrkraft. Überprüfe dann an folgenden Aufgaben, ob du wesentliche Aspekte verstanden hast:

a Aus der Sicht des Deutschunterrichts ist ein Absatz ein inhaltlich zusammengehöriger Teil eines Textes. Was ist aus Sicht der Informatik ein Absatz in einem Textdokument? Nenne den Fachbegriff.

b Meistens hat das Attribut Ausrichtung die Werte linksbündig oder Blocksatz. Wann kann man die Attributwerte zentriert bzw. rechtsbündig sinnvoll verwenden? Nenne jeweils ein Beispiel.

c Abbildung 4 (Seite 64) zeigt Beispiele für unterschiedliche Werte bei den Einzugsattributen. Nenne pro Zeile ein Beispiel, bei dem diese Formatierung sinnvoll eingesetzt werden könnte.

d Übertrage den Lückentext in dein Heft und fülle die Lücken geeignet.
Die Attribute … und … beschreiben die Abstände des Textes vom linken bzw. rechten Rand. … und … sind die Abstände zum vorhergehenden bzw. nachfolgenden Absatz. Das Attribut Zeilenabstand beschreibt … innerhalb …

e Notiere für den 2. Absatz in Abbildung 2 (Seite 63) den Wert des Attributs Zeilenabstand in Punktnotation.

2 Attributwerte von Objekten der Klasse ABSATZ
Im Deutschunterricht verfasst ihr ein kleines Buch mit mehreren Märchen. Du bist für die Gestaltung verantwortlich und selbstverständlich sollen alle Märchen das gleiche Erscheinungsbild (Layout) haben.
Gib für deine Klassenkameraden das Layout durch je eine Objektkarte für ein Zeichen und für einen normalen Absatz (nicht die Überschrift) vor. Du kannst dich an Abbildung 2 (Seite 63) orientieren.

3 Das Märchen „Der Ring"
Gib das Märchen aus Abbildung 1 (Seite 63) in dein Textverarbeitungsprogramm ein. Setze die Absatzattribute so, dass der Text ein ähnliches Aussehen bekommt wie in Abbildung 2. Beginne mit der Grundeinstellung:
für alle Zeichen
    Schriftart = Times New Roman
    Schriftgröße = 14 pt
für alle Absätze
    EinzugLinks = 3 cm
    EinzugRechts = 3 cm

4 Figurengedicht

a Du siehst in jeder der drei Spalten auf der gegenüberliegenden Seite 18 Absätze. Welches Absatzattribut hat bei den einzelnen Absätzen in den drei Darstellungen einen unterschiedlichen Wert? Gib die verwendeten Werte in Kurznotation an.

b Gestalte selbst einen Text, der gleichzeitig eine Figur darstellt. Hole dir Anregungen bei deinen Deutsch- oder Englischlehrern, indem du sie bittest, dir ein paar Beispiele zu Figurengedichten zu zeigen.

3.2 Absätze bringen Übersicht

Schlüssel	Schlüssel	Schlüssel
Schl sel	Schl sel	Schl sel
Schl sel	Schl sel	Schl sel
Schlüssel	Schlüssel	Schlüssel
Schl	Schl	Schl
üsse	üsse	üsse
lSchl	lSchl	lSchl
üssel	üssel	üssel
Schlü	Schlü	Schlü
sselS	sselS	sselS
chlüs	chlüs	chlüs
selSc	selSc	selSc
hlüss	hlüss	hlüss
elSch	elSch	elSch
lüsse	lüsse	lüsse
lSchl	lSchl	lSchl
üsselSchlüsselSchlü	üsselSchlüsselSchlü	üsselSchlüsselSchlü
sselSchlüssel	sselSchlüssel	sselSchlüssel
SchlüsselSc	SchlüsselSc	SchlüsselSc
hlüsselSchlüsselSchlüssel	hlüsselSchlüsselSchlüssel	hlüsselSchlüsselSchlüssel

5 Reisebeschreibung

Vor dem Vulkanausbruch war die Insel Ialaohoha ein beliebter Touristenort. Ein Reisebüro schreibt in einem Prospekt über den Reiseverlauf:

> **Sie fliegen mit der Luftikus-Airline direkt von Ihrem Wohnort auf die Hauptinsel Koko. Von dort werden Sie mit dem Schiff zu Ihrer Zielinsel Ialaohoha gebracht.**
>
> **1. Tag: Am Strand**
>
> Der erste Tag ist zu Ihrer freien Verfügung. Sie können am Strand baden oder einen nahe gelegenen bunten Markt besuchen, auf dem Sie tropische Früchte, Handwerkskunst und vieles mehr bestaunen und kaufen können.
>
> **2. Tag: Aufstieg – erster Teil**
>
> Frühmorgens beginnt der Aufstieg zum Gipfel des Popipepapitel. Sie werden von einem einheimischen Bergführer begleitet. Abends sind Sie in einer einfachen Berghütte auf halber Höhe untergebracht.
>
> …
>
> **Im Preis der Reise sind die Flugkosten, sämtliche Übernachtungen mit Halbpension und die Kosten für den Bergführer eingeschlossen.**

Erstelle selbst eine Reisebeschreibung für einen Ort. Dies kann dein Wohnort, ein Ausflugsort oder dein letzter Urlaubsort sein. Verwende dazu ähnliche Absatzattribute wie in dem Beispiel oben, um den Text übersichtlicher zu gestalten.

6 Handouts von Referaten übersichtlich gestalten

a Klara hat für ein Referat zum Thema „Pyramiden" ein Handout vorbereitet. Sie schickt es ihrer Freundin Christine, die einiges an der Gestaltung ändert.
Gib Klara eine Empfehlung, welche der beiden Dateien referatVersion1 bzw. referatVersion2 sie für die Klasse ausdrucken soll. Begründe deine Empfehlung, indem du die Unterschiede zwischen den beiden Formatierungen beschreibst.

b Mach selbst hinsichtlich der Lesbarkeit oder Übersichtlichkeit noch einen Verbesserungsvorschlag in Punktnotation.

3 Informationsdarstellung mit Textdokumenten

7 Ein Brief an den Klassenleiter

Du bist jetzt über ein Jahr am Gymnasium. Schreibe einen sachlichen Brief an deinen Klassen- bzw. Schulleiter, in dem du beschreibst, was dir an der Schule gefällt und was dir nicht so gefällt. Achte auf die Merkmale eines sachlichen Briefs wie Briefkopf mit den Adressen, Ortsangabe und Datum, Betreffzeile, geeignete und höfliche Anrede und Grußformel. Orientiere dich am folgenden Beispiel:

Klasse 7c   Infohausen, den 27. 10. 2222
Gymnasium Infohausen
Schulgasse 7
23456 Infohausen

Herrn OStD Freundlich
Gymnasium Infohausen
Schulgasse 7
23456 Infohausen

Bitte um Neugestaltung des Klassenzimmers der Klasse 7c

Sehr geehrter Herr Freundlich,

in unserer Klasse haben wir überlegt, ob wir unser Klassenzimmer neu streichen können. Momentan ist es weiß gestrichen; durch zahlreiche Schmutzspuren ist es aber recht unansehnlich. Um eine angenehme Atmosphäre zu schaffen, würden wir es gerne in einem hellen Grünton streichen.
In einem Klassenzimmer mit angenehmer und frischer Farbgebung würde es uns leichter fallen, zu lernen und uns zu konzentrieren. Die Arbeiten würden wir selbstständig mit unseren Eltern übernehmen.
Wir hoffen auf ihre Unterstützung.

Mit freundlichen Grüßen
Ihre Klasse 7c

8 Forschungsauftrag

a Erkunde Zeitungen und Zeitschriften (einschließlich der darin befindlichen Anzeigen) hinsichtlich der Absatzformatierung. Begründe knapp an zwei unterschiedlichen Formatierungen, wie dadurch die inhaltliche Botschaft unterstützt wird.

b Schreibe für die Schülerzeitung einen kurzen Artikel über ein besonderes Ereignis in eurer Klasse (Ausflug, Schullandheim, Projekt ...). Besorge dir zuvor eine Schülerzeitung und versuche, dort die Attributwerte von Zeichen und Absätzen abzuschätzen. Verwende dann diese Werte für deinen Artikel.

c Neue Absätze erzeugst du mit der <RETURN>-Taste ↵, Zeilenwechsel ohne neuen Absatz mit der Tastenkombination <SHIFT><RETURN>- ⇧ ↵. Trenne einen längeren Absatz durch einen Zeilenwechsel und einen Absatz. Verändere zum Beispiel die Ausrichtung einzelner Abschnitte und beobachte unterschiedliches Verhalten bei Zeilenwechsel und Absatz. Fasse deine Beobachtung knapp zusammen.

3.3 Objekte und ihre Beziehungen

Geburtstagsgeschenk
Bei der Geburtstagsfeier bekommt Laura von Tobias einen Spielzeuglastwagen geschenkt. Der Aufbau mit der Ladefläche lässt sich abnehmen, damit man auch größere Güter transportieren kann. Mit großem Eifer untersucht Laura, aus welchen Einzelteilen der Lastwagen sonst noch besteht. Sie findet den Aufbau, Räder, das Führerhaus und einiges mehr. Sie stellt fest, dass sich das Führerhaus weiter zerlegen lässt.
Um nichts durcheinander zu bringen, legt sie die Teile sauber geordnet vor sich hin.

1 Lastwagen

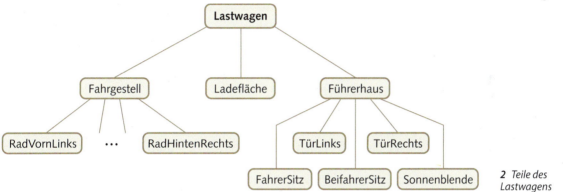

2 Teile des Lastwagens

Laura stellt fest, dass zum Lastwagen sechs Räder, ein Führerhaus und eine Ladefläche gehören. Das Führerhaus enthält seinerseits zwei Türen, zwei Sitze und eine Sonnenblende.

Beziehungen in Textdokumenten
Auch in Textdokumenten gibt es Objekte, die andere Objekte enthalten. Welche fallen dir ein?

In Abbildung 3 sind einige Objektbeziehungen in einem Textdokument als **Objektdiagramm** dargestellt.

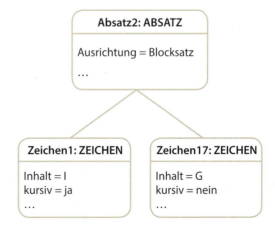

3 Objektdiagramm eines Textes (Ausschnitt)

69

Meistens benötigt man aber nicht die Information, dass das Objekt Absatz1 die Objekte Z1 und Z2 bzw. dass das Objekt Absatz5 die Objekte Z87 und Z88 enthält. Wichtiger ist die allgemeine Aussage, dass Objekte der Klasse ABSATZ Objekte der Klasse ZEICHEN enthalten. Die **Enthält-Beziehung** beschreibt diesen Zusammenhang. Sie lässt sich übersichtlich in einem **Klassendiagramm** darstellen.

4 *Klassendiagramm*

Man liest dieses Diagramm: „Ein Absatz enthält kein, ein oder mehrere Zeichen." Der dicke Punkt am Ende der Beziehungslinie sagt aus, dass es mehr als ein Zeichen sein kann. Andererseits kann man die Beziehung auch durch „Ein Zeichen ist Teil von einem Absatz" beschreiben. Die Zeichen < und > legen die Leserichtung fest.

> Objekte können andere Objekte enthalten. Die **Enthält-Beziehung** beschreibt diesen Zusammenhang für alle Objekte der beteiligten Klassen. Sie kann im **Klassendiagramm** veranschaulicht werden.
> Das **Objektdiagramm** gibt konkret an, welche Objekte in der gegebenen Situation miteinander in Beziehung treten.

Bezeichner bei zusammengesetzten Objekten
Bisher haben wir die Buchstaben eines Textes einfach durchnummeriert. Das wird bei längeren Texten schnell unübersichtlich.

? Wie könnte man Zeichen bei längeren Texten mit vielen Absätzen benennen, um sie schneller zu finden?

Um beispielsweise die Zeichenkette in Abbildung 5 unter Millionen von Zeichen in der Bibel zu finden, ist die Bibel in Bücher, Kapitel und Verse aufgeteilt. Bibel, Bücher, Kapitel und Verse sind zusammengesetzte Objekte: Die Bibel enthält Bücher, Bücher enthalten Kapitel usw. Du findest das Zitat eindeutig durch die Angabe: „im Buch Jesus Sirach, Kapitel 6, Vers 32". Ganz selbstverständlich beginnst du mit dem Lesen dann beim ersten Zeichen dieses Verses.

Mein Sohn, wenn du bereit bist, kannst du weise werden, und wenn du aufmerkst, kannst du Klugheit lernen.

5 *Bibelzitat*

Das Objekt ist hier eindeutig benannt durch die Bezeichner der einander enthaltenden Objekte. In Erweiterung unserer Kurznotation schreiben wir:

   JesusSirach.Kapitel6.Vers32.Zeichen1

→ 5

In dem Bezeichner ist bereits eine Information über die Ordnung der Objekte zueinander enthalten, man kann eine Struktur erkennen. (Hierzu lernst du mehr im Kapitel „Hierarchische Informationsstrukturen".)

> Die Bezeichner von Objekten müssen nur innerhalb des Objekts, in dem sie enthalten sind, eindeutig sein. Die **erweiterte Punktnotation** lautet:
> **ÜbergeordnetesObjekt.TeilObjekt**

3.3 Objekte und ihre Beziehungen

Textdokument

Das gesamte Textdokument ist ein Objekt der Klasse TEXTDOKUMENT. Ein Objekt dieser Klasse enthält alle Absätze und diese wiederum die Zeichen.

6 *Klassendiagramm*

Die **Klasse TEXTDOKUMENT** hat die in Abbildung 7 dargestellte Struktur.

Bei umfangreichen Textverarbeitungsprogrammen hat die Klasse TEXTDOKUMENT noch viel mehr Attribute als hier aufgeführt. So findest du dort Attribute für Kopf- und Fußzeilenabstand oder für die Anzahl der Spalten, in denen ein Text dargestellt werden soll.

Der Inhalt eines Dokuments wird in einer Datei gespeichert (siehe Kapitel 2.2), deshalb musst du bei der Methode *SpeichernUnter* unter anderem angeben, wie die neu erzeugte Datei heißen soll.

Ein Objekt der Klasse TEXTDOKUMENT hat Verwaltungsaufgaben für alle enthaltenen Objekte. Rufst du als Benutzer der Textverarbeitung zum Beispiel die Methode *Alles-Auswählen* des Dokuments auf, so schickt das Dokument bei Ausführen der Methode an alle enthaltenen Objekte die Botschaft „Auswählen". Diese reagieren jeweils mit ihrer Methode *Auswählen* und stellen sich üblicherweise mit einem andersfarbigen Hintergrund dar, um zu signalisieren, dass sie ausgewählt sind.

TEXTDOKUMENT
Titel
Autor
Papierformat
SeitenrandOben
SeitenrandUnten
SeitenrandLinks
SeitenrandRechts
…
TitelSetzen(Wert)
SeitenrandObenSetzen(Wert)
…
Speichern()
SpeichernUnter(Dateiname, Typ, Zielordner)
…
ZeichenZählen()
…
AllesAuswählen()
Drucken()

→ 2.2

7 *Die Klasse TEXTDOKUMENT*

Aus Vielen mach Eins

Laura möchte ihr Spielzeugauto mit einem Grafikprogramm zeichnen, aber nicht nur einmal, sondern einen ganzen Fuhrpark. Sie stellt fest, dass es mühsam ist, einen in einzelnen Teilen kopierten Lastwagen zu verschieben, zu verkleinern etc. Zum Glück entdeckt sie, dass ihr Grafikprogramm in der Lage ist, mehrere ausgewählte Objekte zu einem einzigen neuen Objekt zusammenzufassen. Diesen Vorgang nennt man **Gruppieren**. Dabei entsteht ein neues Objekt Lastwagen1 der Klasse GRUPPE. Es enthält die Einzelteile.

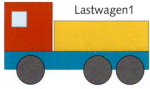

8 *Gruppe von Objekten*

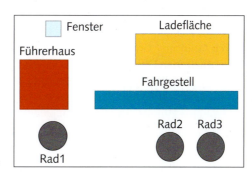

9 *Die Einzelteile*

3 Informationsdarstellung mit Textdokumenten

Vom Objekt Lastwagen1 kann Laura durch Kopieren mithilfe der Zwischenablage beliebig viele Objekte erzeugen. Schnell hat sie ihren Fuhrpark fertig.

? Aus welchen Grafikobjekten besteht ein Lastwagen von Laura? Kannst du ihn nachbauen? Kannst du auch den Fuhrpark erzeugen? Welche Methoden der neuen Klasse GRUPPE hat Laura beim Zeichnen des Fuhrparks verwendet?

Zwischen dem Lastwagen1 und seinen Teilobjekten besteht eine Beziehung. Man sagt: Das Objekt Lastwagen1 enthält die Objekte Rad1, Rad2, Rad3, Fahrgestell, Fenster, Führerhaus, Ladefläche.
Diese Beziehung kannst du in einem Objektdiagramm wie in Abbildung 11 darstellen.

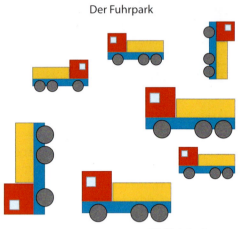

10 *Viele Lastwagen*

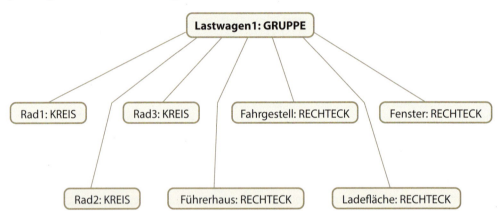

11 *Objektdiagramm eines Lastwagens*

Durch **Gruppieren** kannst du vorhandene Objekte in einem Grafikdokument zusammenfassen. Dabei wird ein neues Objekt der Klasse GRUPPE erzeugt.
Jedes Objekt der Klasse GRUPPE **enthält** ein oder mehr Grafikobjekte.

Durch Auflösen („Gruppierung aufheben") wird das Objekt der Klasse GRUPPE entfernt. Auf die enthaltenen Objekte kann wieder einzeln zugegriffen werden.
Über die erweiterte Punktnotation von über-/untergeordneten Objekten lassen sich Attributwerte eindeutig beschreiben bzw. Methodenaufrufe eindeutig zuordnen, zum Beispiel Lastwagen1.Führerhaus.*FüllfarbeSetzen(hellblau)*.

3.3 Objekte und ihre Beziehungen

Aufgaben

1 Lesen – Verstehen
Lies den Text dieses Kapitels und erstelle eine knappe Zusammenfassung bzw. notiere Fragen. Überprüfe dann an den folgenden Aufgaben, ob du wesentliche Aspekte verstanden hast.
  a Erkläre am Beispiel einer Brotzeitbox mit zwei Mandarinen und einem Brot die Enthält-Beziehung und zeichne ein Klassendiagramm dazu.
  b Ordne die Attribute unten den Klassen ZEICHEN, ABSATZ und TEXTDOKUMENT richtig zu. Skizziere dazu die Klassenkarten.
  Inhalt, EinzugErsteZeile, Autor, AbstandNach, kursiv, Ausrichtung, Papierformat, Zeilenabstand, SeitenrandUnten, Schriftfarbe
  c Ergänze in b) die Beziehung zwischen den Klassen. Erkläre am Beispiel deines Klassendiagramms die Bedeutung eines Punktes am Ende einer Beziehungslinie.
  d Erkläre, warum dir folgende Punktnotation bei der Suche nach einem Buch helfen kann: Schulbibliothek.Literatur.Sagen.Griechisch.KampfUmTroja

2 Enthält-Beziehungen im Schulgebäude
  a Auch in deinem Schulgebäude gibt es die Enthält-Beziehung. Das Gebäude enthält Klassenzimmer. Welche Objekte sind in einem Klassenzimmer enthalten? Zeichne ein Objektdiagramm von deinem Schulgebäude. Ein Auszug mit mindestens zehn Objekten genügt!
  Versuche ein Klassendiagramm zu zeichnen, beginnend mit der Klasse SCHULGEBÄUDE. (Beachte: Das Wort Klasse hat in dieser Aufgabe einerseits die Bedeutung Schulklasse und andererseits Objekttyp.)
  b Stelle die gleichen Überlegungen wie in a) für die „Ordnung" in deiner Schultasche an. Verdeutliche dein Ergebnis ebenfalls durch ein Objektdiagramm.
  c Wähle aus den Objektdiagrammen der Teilaufgaben a) und b) jeweils ein Objekt aus, das keine weiteren Objekte enthält. Gib für diese Objekte jeweils einen Attributwert in der Kurzschreibweise an. Verwende dazu die erweiterte Punktnotation.

3 Enthält-Beziehungen?
  a Besteht zwischen folgenden Klassen eine Enthält-Beziehung?
  Zwetschge – Kern   Vater – Sohn
  Fahrrad – Kette   Tisch – Stuhl
  b Nenne aus deiner Lebenswelt drei Paare von Klassen, zwischen denen jeweils eine Enthält-Beziehung besteht.

4 Objekt- und Klassendiagramme
Zeichne zu Abbildung 11 das Klassendiagramm. Begründe an diesem Beispiel, warum ein Klassendiagramm übersichtlicher, aber weniger aussagekräftig ist.

5 Die Struktur der Bibel als Diagramm
In einem Beispiel für die Namensgebung bei zusammengesetzten Objekten wurde der Aufbau der Bibel beschrieben.
  a Verdeutliche den Aufbau der Bibel mit einem Klassendiagramm.
  b Verdeutliche den Aufbau der Bibel mit einem Objektdiagramm. Ein Auszug mit mindestens zehn Objekten genügt!

3 Informationsdarstellung mit Textdokumenten

6 Aus einem kurzen Zug wird ein langer
In der Aufgabe 9 in Kapitel 2.1 hast du eine Lokomotive mit einem Waggon entworfen.
  a Mach aus den Teilobjekten des Waggons durch Gruppieren ein neues Objekt und stelle dann einen Zug mit Lokomotive und fünf Waggons zusammen.
  b Gib jedem Waggonaufbau eine eigene Farbe.

7 Haus gebaut – Rechner stürzt ab!
  a Zeichne eine Hausfront mit fünf Fenstern und einer Tür. Die Fenster sollen alle gleich aussehen und ein Fensterkreuz haben.
  b Gruppiere die Grafikbausteine zum Haus.
  c Vervielfältige das Haus und gruppiere zu einer kleinen Siedlung.
  d Vervielfältige die Siedlung und gruppiere mehrere Siedlungen zu einer Stadt usw. Untersuche, nach wie vielen Schritten dein Grafikprogramm abstürzt.

8 Forschungsauftrag
  a In Aufgabe 7d hast du dein Programm zum „Absturz" gebracht. Recherchiere, was das bedeutet. Beschreibe knapp, welche Ursachen dieses Verhalten haben kann.
  b Animationsfilm mit EOS – Gruppieren unterstützt flüssige Bewegungen
  Im Kapitel „Grafikdokumente" hast du mit dem Programm bereits verschiedene Objekte, beispielsweise ein Fahrzeug, gezeichnet. Ziel dieser Aufgabe ist es, einen kleinen Animationsfilm zu erstellen, in dem sich das Fahrzeug bewegt.
  Folgende Anforderungen soll deine Animation erfüllen:
  Das Fahrzeug muss mindestens aus fünf Objekten bestehen. Die Bewegung darf weder sprunghaft noch ruckelig sein. Entscheide selbst, ob dein Fahrzeug ein Fahrrad, Auto oder Boot ist, ob es bei blauem Himmel oder dunklen Wolken fährt und ob mit dem Film vielleicht eine kleine Geschichte erzählt wird. Deine Lehrkraft zeigt dir zwei Beispiele.
  Hinweis:
  Das Fahrzeug besteht aus mehreren Objekten. Werden alle einzeln bewegt, so ist die Bewegung ruckelig und sieht nicht gut aus. Dieses Problem lässt sich dadurch lösen, dass man alle Objekte des Fahrzeugs gruppiert. Folgender Ausschnitt zeigt, wie dies in EOS umgesetzt wird:

```
Karosserie:RECHTECK
Auto:GRUPPE
RadVorne:KREIS
...
Auto.schlucke(Karosserie)
Auto.schlucke(RadVorne)
...
wiederhole 50 mal
    Auto.verschieben(1,2)
*wiederhole
```

→ 2.3

3.4 Weitere Elemente in Textdokumenten

Tabulatoren – eine sehr praktische Sache
Häufig werden mit Textverarbeitungsprogrammen Rechnungen geschrieben.

Betrachte die Rechnung in Abbildung 1: Was fällt dir bei der Ausrichtung der Artikelbezeichnung und des €-Zeichens auf? Worin unterscheidet sich die Ausrichtung beim Preis von den anderen Ausrichtungen? Wozu dienen die Punkte vor den €-Zeichen?

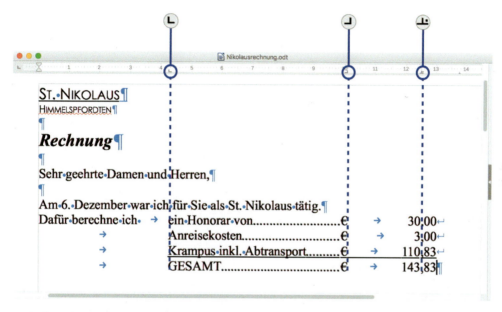

1 Nikolausrechnung

Artikelbezeichnung, €-Zeichen und Preis sind jeweils an senkrechten (unsichtbaren) Linien ausgerichtet, die bei einem kleinen Symbol oben am Lineal beginnen. Diese Symbole stehen für **Tabulatoren**.

→ W10

Tabulatoren legen fest, an welcher **Position** der weitere Text nach dem Auftreten des Tabulatorzeichens erscheinen soll und wie er an dieser Stelle ausgerichtet wird. Für die **Ausrichtung** gibt es die Werte links, rechts, zentriert und dezimal.
Tabulatorzeichen sind Steuerzeichen. Sie werden mit der Tabulatortaste erzeugt und auf Wunsch auf dem Bildschirm mit dem Symbol → angezeigt.
Während der Text am ersten Tabulator (bei 4,25 cm) links ausgerichtet ist, ist das €-Zeichen am zweiten Tabulator (bei 10,0 cm) rechts ausgerichtet. Der Betrag ist am Komma ausgerichtet (dezimale Ausrichtung). Oft kann man dem Tabulator auch mitteilen, mit welchem Füllzeichen (Punkte, Bindestriche, Unterstriche, …) er den Zwischenraum ausfüllen soll. Ein Leser kann so leichter den Zeilen folgen. Im obigen Beispiel gilt:

Für Tab2
    Position = 10,0 cm
    Ausrichtung = rechts
    Füllzeichen = „."

Tabulatoren sind Objekte, die der Orientierung des Textes an unsichtbaren senkrechten Hilfslinien dienen. Sie besitzen die Attribute **Position**, **Ausrichtung** und **Füllzeichen** und sind in einem Absatz enthalten.

3 Informationsdarstellung mit Textdokumenten

Jedes Tabulatorobjekt ist in einem Absatz enthalten. Ein Absatz kann mehrere Tabulatoren enthalten.

Das Klassendiagramm für Textdokumente erweitert sich zu Abbildung 2.

! Hinweis: Wenn du einen Absatz kopierst, werden daher nicht nur die darin enthaltenen Zeichen, sondern auch die darin enthaltenen Tabulatorobjekte mitkopiert.

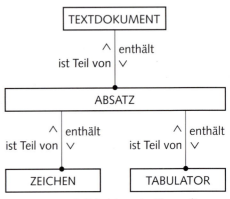

2 Tabulatoren im Klassendiagramm

Bilder in Textdokumenten

Laura ist schon immer begeistert von Pyramiden. In Geschichte darf sie ein Referat darüber halten. Für ihre Klassenkameraden bereitet sie eine kleine Zusammenfassung (Handout) vor. Zur Veranschaulichung möchte sie auch zwei Bilder einbinden. Dazu kopiert sie jedes Bild als eigenständiges Objekt direkt in das Dokument. Es ist dann ein Teil des Dokuments. Beim Speichern des Dokuments wird das Bild in der Datei mit abgelegt.

Näheres zum Kombinieren verschiedener Darstellungsarten von Information findest du im nächsten Kapitel.

Isi Renefer, Geschichte, Klasse 6 b   18.11.2018

Ägyptische Pyramiden

Bedeutung
- Pharao wird als Gott verehrt
- Grabstätte für Könige als Treppe zum Himmel

Cheops-Pyramide als Beispiel
- Grundfläche: ca. 230 m × 230 m
- Höhe: ca. 140 m
- Baumaterial: 2,3 Mio. Steine mit je mind. 2,5 t
- Bauzeit: ca. 2620–2580 v. Chr.
- Bauherr: Pharao Cheops (ägypt. Chufu)

Kammersystem
- versteckte Eingänge schützen vor Grabräubern
- Königinnenkammer
- Grabkammer
- noch viele offene Fragen

Quellen: Geschichtsbuch S. 56 ff.
de.wikipedia.org/wiki/Cheops-Pyramide (Abruf am 3.11.18)

3 Bilder im Textdokument

Aufgaben

  1 Entdecken – Verstehen

Füge eines deiner Bilder aus Kapitel 2 in ein Textdokument ein. Ergänze eine Überschrift und eine Bildbeschreibung in zwei bis drei Sätzen. Suche verschiedene Möglichkeiten, das Bild zu formatieren, insbesondere auch die Bildgröße und wie der Text um das Bild fließt. Notiere bei jeder Möglichkeit, die du gefunden hast, das Attribut, dessen Wert du verändert hast.

76

3.4 Weitere Elemente in Textdokumenten

2 Lesen – Verstehen
Lies den Abschnitt über Tabulatoren in diesem Kapitel und erstelle eine knappe Zusammenfassung bzw. notiere Fragen. Überprüfe dann an folgenden Aufgaben, ob du wesentliche Aspekte verstanden hast:
  a Beschreibe mit eigenen Worten, was Tabulatoren sind und was ihre Attribute bedeuten.
  b Zeichne eine Objektkarte für den ersten und dritten Tabulator in der „Nikolausrechnung".

3 Bilder in einem Referat-Handout
Franz hat sein Handout mit einem Textverarbeitungsprogramm erstellt und dort auch zwei Bilder eingefügt. Nun möchte er, dass Text und Bilder nebeneinander stehen.
  a Hilf Franz, indem du in seinem Textdokument die Bilder passend formatierst. Eine entsprechende Datei erhältst du von deiner Lehrkraft.
  b Erkläre Franz, bei welchem Attribut du Änderungen vorgenommen hast, welche Werte möglich sind und welche Bedeutung diese Werte haben.

4 Rätselheft
In Aufgabe 3 in Kapitel 2.3 hast du ein Dominorätsel und andere Bilder zum Knobeln erstellt. Gestalte eine (halbe) Seite für ein Rätselheft, indem du eine kurze Anleitung zum Rätsel als Textdokument verfasst und die Bilder einfügst.
Experimentiere mit den Bildattributen, um die Rätselseite ansprechender zu gestalten. Erkläre, welche Wirkung die Änderungen haben.
Falls die Zeit reicht, kannst auch noch eine Rätselaufgabe, die nur aus Text besteht, oder deinen Lieblingswitz ergänzen.
Tragt in eurer Klasse die einzelnen Beiträge zu einem Rätselheft zusammen.

5 Weihnachtsbasar
Um möglichst viel Geld für eine Spende an Flüchtlingskinder zu sammeln, habt ihr einen Weihnachtsbasar organisiert. Dafür gibt es die beiden folgenden Vorschläge für einen Aushang:

Preise und Informationen
Alle Verkaufsprodukte sind von uns selbst hergestellt! Sie können eine kleine bzw. große Tüte Plätzchen für 2 € bzw. 3 € erwerben. Jede Weihnachtskarte kostet 1,50 €, die Engel und Sterne für den Weihnachtsbaum sogar nur einen Euro. Und für den Hunger und Durst gibt es zu je einem Euro Kuchen und Kinderpunsch. Der gesamte Verkaufserlös kommt Flüchtlingskindern zugute.

Preisliste	
Plätzchen klein	2,00 €
Plätzchen groß	3,00 €
Weihnachtskarte	1,50 €
Engel und Sterne	1,00 €
Kuchen	1,00 €
Kinderpunsch	1,00 €
Alle Verkaufsprodukte sind von uns selbst hergestellt!	
Der gesamte Verkaufserlös kommt Flüchtlingskindern zugute!	

  a Beurteile, welche der beiden Darstellungen sich für einen Aushang eignet.
  b Erstelle selbst eine tabellarische Preisliste beispielsweise für Bücher, Spielzeug, etc. aus deinem Zimmer, die du nicht mehr benötigst.
  c Nenne mindestens drei Attribute einer Tabelle mit jeweils einem typischen Wert.

6 Nationalflaggen

Valentins Vater Klaus erfindet Brettspiele. Bei seiner neuesten Idee ist jeder der 2–6 Spieler Botschafter einer Nation. Nun ist Klaus auf der Suche nach einprägsamen (neuen!) Ländernamen, ein paar besonderen Eigenschaften des Landes und Nationalflaggen. Valentin darf ihm helfen.

Als Ausgangspunkt recherchieren sie die Flaggen und deren Bedeutung von zwei realen Ländern:

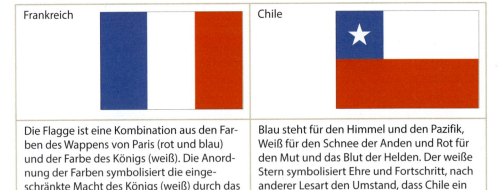

Frankreich	Chile
Die Flagge ist eine Kombination aus den Farben des Wappens von Paris (rot und blau) und der Farbe des Königs (weiß). Die Anordnung der Farben symbolisiert die eingeschränkte Macht des Königs (weiß) durch das Volk (die Farben von Paris).	Blau steht für den Himmel und den Pazifik, Weiß für den Schnee der Anden und Rot für den Mut und das Blut der Helden. Der weiße Stern symbolisiert Ehre und Fortschritt, nach anderer Lesart den Umstand, dass Chile ein zentral, nicht föderal organisierter Staat ist.

Zeichne als Unterstützung für Valentin und seinen Vater eine Flagge. Gehe dabei wie folgt vor.

a Überlege dir schon in der Entwurfsphase, welche Bedeutung die Farben oder ein Symbol haben können und welchen Namen das Land bekommen soll.

b Zeichne mit einem Grafikprogramm eine Flagge. Entscheide zunächst, ob sich eine Vektorgrafik oder eine Pixelgrafik besser eignet. Die Flagge soll eine Breite von 600 Pixel und eine Höhe von 400 Pixel haben.

c Erstelle nach Fertigstellung der Flagge einen Beschreibungstext wie oben (gerne auch kürzer), den Klaus dann in die Spielanleitung übernehmen kann. Füge das Bild in dein Textdokument ein.

7 Adressbuch

Erstelle mit Tabulatoren eine Adressenliste deiner Freunde, etwa nach folgendem Schema:

Vorname	Nachname	Adresse	PLZ	Ort	Telefon
Fritz	Müller	Badstr. 10	23456	Infohausen	0234/47 11

8 Fahrradzubehörrechnung

Versuche die Rechnung auf der nächsten Seite mithilfe geeigneter Attributwerte, zum Beispiel für die Ausrichtung von Absätzen und Tabulatoren, zu erstellen.

9 Forschungsauftrag

a Frage deine Eltern nach Sachbriefen und Rechnungen, die du auf die Verwendung von Tabulatoren untersuchen darfst. Zeichne ggf. die unsichtbaren Linien ein und ermittle die Attributwerte der Tabulatoren.

b Erstelle eine Visitenkarte von dir in der Größe 5,5 cm × 8,5 cm und füge ein selbst erstelltes Logo als Bild ein.

Teste dich selbst!

RECHNUNG
und Garantienachweis

Herr
Tobias Infix
Monitor-Platz 1
D-23456 Infohausen

Bei Zahlungen und Rückfragen bitte stets angeben
Rechnungs-Nr.: 00224466 / 001   Datum
Kunden Nr.:   00224466   9.5.2222

Artikel-Bezeichnung	Bestell-Nr.	Menge	Einzelpreis €	Gesamtpreis €
Rücklicht Laserplus	09876	1	39,90	39,90
Sauerstoffflasche Anti-Smog	14555	3	24,90	74,70
Raketenhilfsmotor	07776	1	64,90	64,90

Zahlbar bis 23.5.2222

Rechnungssumme   179,50
Im Rechnungsbeitrag sind enthalten 19% MwSt.   28,66

Die Ware bleibt bis zur vollständigen Bezahlung Eigentum der Rasant AG.

Rasant AG   Bankverbindungen
Maus-Str. 23   Sparbank Infohausen   Geldkasse Infohausen
23456 Infohausen   IBAN DE99667767670000776676   IBAN DE99447747470000001115
Telefax 0234/567   BIC GENODEX2   BIC GENODEY1

Teste dich selbst!

T1 Finde die Fehler!
In diesem Klassendiagramm ist einiges falsch! Berichtige in deinem Heft.

ZEICHEN
Inhalt Schriftgröße Schriftart AusrichtungRechts EinzugErsteZeile …
InhaltSetzen(Wert) SchriftgrößeSetzen(Wert) …

enthält >
< ist Teil von

ABSATZ
Zeichen Unterstrichen AbstandVor …
ZeilenabstandSetzen(Wert) …

T2 Attribute von Zeichen
Von Schritt zu Schritt ändert sich jeweils genau ein Attributwert des Zeichens. Notiere die Änderungen, indem du die Methodenaufrufe protokollierst. Welcher Schritt ist im Textverarbeitungsprogramm unmöglich?

T3 Attribute des Absatzes
Benenne sinnvolle Anwendungsmöglichkeiten für die Absatzattribute Ausrichtung, EinzugErsteZeile, EinzugRechts, AbstandVor und Zeilenabstand.

T4 Textgestaltung
Diskutiere knapp jede der folgenden Aussagen zur Gestaltung eines übersichtlichen Texts, zum Beispiel eines Referat-Handouts.
a Mehr als eine Schriftart und eine Schriftfarbe sind nicht sinnvoll.
b Mindestens zwei, oft drei verschiedene Schriftgrößen sind sinnvoll.
c Einen vorgegebenen Text kann man nicht in Absätze gliedern, ohne ihn zu lesen.
d Bei kleinen Bildern ist es meist sinnvoll, sie von Text umfließen zu lassen.
e Ein Einrücken über Leerzeichen ist nicht sinnvoll.

T5 Texte in Grafikdokumenten
Nicht nur in Textdokumenten können Bilder enthalten sein, sondern auch in Grafikdokumenten Text.
a Zeichne ein Klassendiagramm für Vektorgrafikdokumente (nur Klassennamen und Beziehungen) mit fünf Klassen, das auch Texte berücksichtigt. Begründe knapp, wie die Texte in deinem Diagramm berücksichtigt werden.
b Zeichne ein Klassendiagramm für Pixelgrafikdokumente (nur Klassennamen und Beziehungen). Begründe knapp, wie die Texte in deinem Diagramm berücksichtigt werden.

T6 Aus der Lernstandserhebung Natur und Technik 2013
a Tom gestaltet einen Text mit einem Textverarbeitungsprogramm. Ordne folgende Begriffe, die im Zusammenhang mit Textverarbeitungsprogrammen bzw. Textdokumenten auftreten, den drei Begriffen Attribut, Klasse und Attributwert richtig zu: Zeilenabstand, Schriftart, ABSATZ, linksbündig, fett, ZEICHEN, 1 cm, einfach
b Übersetze in die abkürzende Fachschreibweise (Punktnotation):
– „Das Objekt Absatz1 hat einen Zeilenabstand von 12 pt."
– „Die Ausrichtung des Objekts Absatz1 wird auf Blocksatz festgelegt."
(Hinweis: Die Klasse von Absatz1 stellt die Methode *AusrichtungSetzen*(neueAusrichtung) zur Verfügung.)
c Stelle folgende Information in einem Klassendiagramm dar:
„Ein Absatz enthält mehrere Zeichen."

Zum Weiterlesen

1 Autorenteam

5 Aus der Praxis: Autoren

„Wir sind die Autoren dieses Buches. Beim Erstellen des Manuskripts haben wir zur Gestaltung viele Fähigkeiten unseres Textverarbeitungsprogramms genutzt, auch hier nicht angesprochene wie Tabellen, Spalten, Kopfzeilen, Fußzeilen oder automatische Erstellung von Inhaltsverzeichnissen.

Aber auch die Attribute der Klassen ZEICHEN und ABSATZ wurden ausgiebig für eine gut lesbare Gestaltung genutzt: Überschriften haben eine andere Schriftart als der normale Text; die verschiedenen Ebenen der Überschriften haben verschiedene Schriftgrößen und sind zum Teil fett gedruckt; Überschriften haben Abstände zum Text; im Inhaltsverzeichnis haben die Überschriftenebenen unterschiedliche Einrückungen und Schriftschnitte und vieles mehr.

Viel Ärger hat es uns bereitet, dass moderne Textverarbeitungsprogramme dem Benutzer bei der Gestaltung seiner Texte dadurch ‚helfen' wollen, dass der Hersteller des Programms Gestaltungsvorlagen eingebaut hat, die automatisch verwendet werden, wenn das Programm Überschriften, Aufzählungen oder Ähnliches erkennt. Oft ist es gar nicht einfach, sich gegen diese Hilfen zu wehren und die Automatiken abzuschalten."

6 Textverarbeitung kommt aus dem Buchdruck

Mit der Erfindung des Bleisatzes durch den Mainzer → Gutenberg wurden auch die ersten Darstellungsrichtlinien für Texte eingeführt. Im Lauf der Zeit hat sich im Buchdruck eine Vielzahl von Begriffen und Bezeichnungen herausgebildet, die heute in der Textverarbeitung auf dem Computer immer noch verwendet werden.

→ Johannes Gutenberg (*ca. 1397; †1468)

Schriftgröße

Beim Satz mit Bleibuchstaben musste für jede gewünschte Schriftgröße (man sagt auch: Schriftgrad) ein eigener Buchstabensatz gegossen werden. Die Größe der Schrift wird im Buchdruck in Punkt angegeben. Im Jahr 1785 wurde als deutsch-französische Maßeinheit des Buchdrucks der typografische Punkt auf 0,376 mm festgelegt.

Die angelsächsischen Maßeinheiten 1 pt = 1/12 pica = 1/72 inch = 0,3528 mm weichen davon ab.

Gute Textverarbeitungsprogramme beachten diesen Unterschied.

1 Bleisatzbuchstaben

Schriftstil

Für die verschiedenen Schriftstile mussten, genauso wie für die verschiedenen Größen, jeweils eigene Buchstaben hergestellt werden. Deshalb waren nur wenige Schriftstile üblich: kursiv, halbfett (wird in den Textverarbeitungsprogrammen als fett bezeichnet) und fett (wird in Textverarbeitungsprogrammen normalerweise nicht verwendet). Statt Schriftstil sagt man im Buchdruck Schriftschnitt. Dieser Begriff leitet sich noch vom Holzschnitt ab.

Einzüge

Eine wichtige Regel in Büchern ist, die erste Zeile eines Absatzes einzurücken. Damit erkennt man den Absatz auch dann gut, wenn die letzte Zeile des vorigen Absatzes bis zum Ende gefüllt ist.

Absatzkontrolle

Eine weitere wichtige Regel ist, dass nie die erste Zeile eines Absatzes allein auf einer Seite stehen darf und der Rest auf der nächsten Seite folgt. Ebenso wenig darf die letzte Zeile eines Absatzes allein auf eine neue Seite kommen. Es müssen wenigstens die beiden letzten Zeilen auf der nächsten Seite stehen. Diese beiden Regeln werden von den meisten Textverarbeitungsprogrammen befolgt, wenn du bei Absätzen das Attribut Absatzkontrolle aktivierst.

Linke und rechte Seiten

Wenn du dieses Buch genau anschaust, kannst du erkennen, dass die linke Seite und die rechte Seite „gespiegelt" aussehen. Wenn zum Beispiel die gerade Seitennummer am linken Seitenrand steht, steht die ungerade Seitennummer am rechten Seitenrand. Für gerade und ungerade Seiten hast du dann auch unterschiedliche Kopf- und Fußzeilen. Du musst die beiden Seiten aber selbst so gestalten, dass sie zueinander passen!

7 Aus Buchstaben werden Zahlen

Für uns Menschen ist die Schrift mit ihren Buchstaben, Satzzeichen usw. die wichtigste Darstellungsform, um Informationen auszutauschen. Computer arbeiten jedoch nur mit Zahlen, sie „sprechen" eine andere Sprache.

Zahl	Zeichen/Bedeutung	Zahl	Zeichen/Bedeutung	Zahl	Zeichen/Bedeutung
Steuerzeichen		34	"	*Buchstaben*	
…		35	#	…	
2	Anfang des Textes	36	$	65	A
3	Ende des Textes	37	%	66	B
		38	&	67	C
8	Rückwärtsschritt	…		68	D
9	Horizontal-Tab	*Ziffern*		…	
10	Zeilenvorschub	…		119	w
…		48	0	120	x
Sonderzeichen		49	1	121	y
32	„ " Leerzeichen	50	2	122	z
33	!	…		…	

1 Zuordnungsvorschrift zwischen Zahlen und Zeichen (hier ASCII-Code)

Zum Weiterlesen

Damit nun ein Computerprogramm auch Text darstellen und verarbeiten kann, gibt es Vorschriften, mit denen man Zahlen eindeutig Zeichen zuordnen kann und umgekehrt. Diese Vorschriften heißen Schriftbeschreibungen oder Fonts. Neben den darstellbaren Zeichen (Buchstaben, Ziffern, Sonderzeichen) gibt es auch sogenannte Steuerzeichen, die das Textverarbeitungsprogramm zur Gestaltung des Textes einsetzt.

Auf dem Computer können die verschiedenen Schriftgrößen und -stile aus einer einzigen Schriftbeschreibung berechnet werden. „Doppelte Schriftgröße" heißt doppelt so breit und hoch, „fett" bedeutet etwas breiter. Für das Auge sieht das Ergebnis dieser Rechnung aber nicht immer wirklich gut aus. Deshalb hat man bei guten Zeichensätzen Schriftbeschreibungen für die verschiedenen Schriftschnitte, manchmal sogar für verschiedene Größengruppen.

Die Tabelle in Abbildung 1 stellt eine eindeutige Vorschrift dar, wie man Zeichen(-folgen) Zahlen(-folgen) zuordnen kann und umgekehrt. So eine Vorschrift nennt man Code. Du kennst dieses Wort vielleicht im Zusammenhang von Geheimschriften. Wer den (Geheim-) Code „geknackt" hat, kann verschlüsselte Nachrichten entziffern.

→ American Standard Code for Information Interchange

Die Codes zur Zuordnung zwischen Buchstaben und Zahlen am Computer sind allerdings nicht geheim. Häufig verwendete Codes waren der → ASCII-Code, der → ANSI-Code und der → EBCDIC-Code; heute wird fast überall der universelle Unicode verwendet.

→ American National Standards Institute

Mit dem ASCII-Code konnten ursprünglich 128 Zeichen umgewandelt werden (7-Bit-Code: $2^7 = 128$). Diese Anzahl der Zeichen war jedoch nicht ausreichend, denn es gibt Sprachen, die in ihrem Alphabet mehr bzw. andere Buchstaben haben als das englischen Alphabet, zum Beispiel deutsche Umlaute ä, ö, ü oder Buchstaben wie å, à, ç, é, ñ und ø, die du vielleicht schon einmal in einem Urlaub gesehen hast. So wurde die Anzahl der Zeichen auf 256 erweitert (8-Bit-Code: $2^8 = 256$). Leider gibt es keine einheitliche Zuordnungstabelle, sondern mehrere: den ANSI-Code, den „erweiterten" ASCII-Code und den EBCDIC-Code. Beim ANSI-Code gibt es abhängig von der Weltregion (westeuropäisch, kyrillisch, hebräisch …) Unterschiede bei den Zeichen mit den Nummern 128 bis 255. Diese unterschiedlichen Tabellen verursachen manchmal einen „Buchstabensalat". Schreibt der Erzeuger im ANSI-Code „Späße", erscheint bei einem Nutzer, der den „erweiterten" ASCII-Code verwendet, „Spõ_e", da dort die Umlaute und das „ß" anders kodiert sind. Wie bei Geheimsprachen ist es schwer, die Nachricht zu entziffern, wenn man den falschen Code hat.

→ Extended Binary Coded Decimal Interchange Code

Um alle Zeichen in einer Tabelle zusammenfassen zu können und auch Sprachen Platz zu bieten, die einen größeren Zeichensatz haben (das Hochchinesisch hat zum Beispiel mehrere tausend Zeichen), gibt es seit 1991 den universellen Unicode mit 1 114 112 Zeichen/ Codepunkten (ursprünglich 16-Bit-Code: $2^{16} = 65\,536$ Zeichen, seit 1996 erweitert). Mittlerweile ist dieser Code auf fast allen Rechnern in Verwendung.

Zeichen	ANSI-Code	ASCII-Code
ä	228	132
ö	246	148
ü	252	129
ß	223	225
õ	245	228

2 Vergleich zwischen ANSI- und ASCII-Code

4 Informationsdarstellung mit einfachen Multimediadokumenten

Bisher hast du gelernt, wie man am Computer mit Informationsdarstellungen in Form von Texten und Grafiken arbeiten kann. Häufig ist es notwendig, in einem Dokument mehrere Darstellungsformen zu verbinden. Grafik- und Textverarbeitungsprogramme bieten hier nur eingeschränkte Möglichkeiten. Ein → Präsentationsprogramm kann hingegen durch Verbinden von Text, Grafik, Bild, Film und Ton die Informationen „zum Leben erwecken". Wie der Name schon sagt, werden diese Programme vor allem in Vorträgen, Produktpräsentationen und Ähnlichem genutzt. Sie können also auch in der Schule bei Referaten hilfreich sein!

→ Multimediadokumente werden häufig auch als Präsentationen bezeichnet.

4.1 Aufbau von Multimediadokumenten

Objekte in Multimediadokumenten

Peters Klasse führt im Geschichtsunterricht ein Projekt zum antiken Griechenland durch. Peter war im Urlaub auf der griechischen Insel Kreta und hat dort viele Fotos von antiken Stätten gemacht. Zusätzlich hat er mit Interesse den Reiseführer gelesen, den seine Eltern im Urlaub dabei hatten. Jetzt weiß er, aus welcher Zeit diese Stätten stammen, wer sie gebaut hat und welche Bedeutung sie damals für die Menschen hatten. Da Peter so gut informiert ist, hat ihn die Lehrerin gebeten, im Rahmen des Geschichtsunterrichts einen kleinen Vortrag zu halten und dabei seine Fotos zu zeigen. Zur Unterstützung seines Referats benutzt Peter ein Präsentationsprogramm.

1 Bearbeiten des Dokuments

 Betrachte die Abbildung: Welche Objekte kannst du erkennen und welchen Klassen lassen sie sich zuordnen?

4.1 Aufbau von Multimediadokumenten

Eine Präsentation besteht in der Regel aus mehreren Seiten, die man hier **Folien** nennt. Die Folie in Abbildung 1 enthält drei Objekte der Klasse BILD, die wiederum Objekte der Klasse PIXEL enthalten. Die Landesflagge Griechenlands ist ein von Peter selbst erstelltes Objekt der Klasse GRAFIKGRUPPE. Im unteren Teil des Klassendiagramms erkennst du, dass die Zeichen nicht direkt auf der Folie notiert werden können, sondern in einem Objekt der Klasse TEXTFELD. Die Folie enthält zwei Textfelder, die hier aus jeweils einem Absatz bestehen, der die einzelnen Zeichen enthält. Das Präsentationsprogramm erlaubt Peter, auch Objekte weiterer Klassen wie AUDIO (also Ton) und VIDEO in einer Folie einzubinden (Abbildung 2). Ein Objekt der Klasse AUDIO will Peter verwenden, um die Nationalhymne Griechenlands vorstellen zu können.

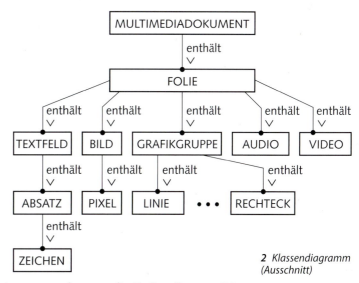

2 Klassendiagramm (Ausschnitt)

Die Klasse FOLIE

Peter möchte seine Bilder auf den Folien gut zur Geltung bringen, deshalb wählt er einen farbigen Hintergrund.
Für die Gestaltung des Hintergrunds stellen die Präsentationsprogramme eine Vielzahl von Möglichkeiten zur Verfügung.
Zunächst bestimmt man über das Attribut Fülleffekt das generelle Aussehen des Hintergrunds durch Werte wie keiner, einfarbig, mitFarbverlauf, mitBild usw. Je nach Fülleffekt werden Zusatzinformationen in den anderen Attributen verlangt. So wird bei dem Wert einfarbig der ganze Hintergrund mit der Füllfarbe1 ausgefüllt; die in der Klassenkarte nachfolgenden Attribute werden nicht benötigt. Bei einem Farbverlauf (Abbildung 4 links und Mitte) kannst du zusätzlich zu den zwei Farben Füllfarbe1 und Füllfarbe2 auch die Art des Übergangs bestimmen (zum Beispiel kreisförmig in Abb. 4 links). Der Wert mitBild beim Attribut Fülleffekt bewirkt, dass für den Hintergrund ein Bild ausgewählt werden kann.

3 Die Klasse FOLIE

 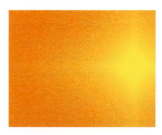 

4 Beispiele für Farbverlauf und Hintergrundbild

Bei einer guten Präsentation sollten möglichst alle Folien den gleichen Hintergrund haben. Er soll den Folien ein ansprechendes Aussehen geben, aber nicht vom Inhalt ablenken oder den Text schwer lesbar machen.

85

4 Informationsdarstellung mit einfachen Multimediadokumenten

Erstellen und Vorführen

Präsentationsprogramme kennen zwei grundverschiedene Arbeitszustände. Im **Bearbeitungsmodus** erstellst und veränderst du die im Dokument enthaltenen Objekte. Für die Bearbeitung stehen meistens mehrere Ansichten für verschiedene Zwecke zur Verfügung:
- In der Sortieransicht siehst du alle Folien und kannst ihre Reihenfolge verändern.
- In der Folienansicht kannst du die Objekte einer Folie bearbeiten.
- In der Notizansicht kannst du für jede Folie eine Bemerkung hinterlegen.

Um die Präsentation zeigen zu können, musst du in den **Vorführmodus** wechseln. Die Werkzeugleisten werden ausgeblendet, damit sie nicht stören. Durch Mausklick und Tastatureingaben kannst du den Ablauf der Vorführung steuern.

Folien in **Multimediadokumenten** enthalten Informationsdarstellungen verschiedener Art: Text, Grafik, Bild, Ton, Video.
Im **Bearbeitungsmodus** werden die Folien bearbeitet. Im **Vorführmodus** werden sie präsentiert.

Aufgaben

1 Entdecken – Verstehen
a Deine Lehrkraft stellt dir eine Präsentation zur Verfügung. Untersuche und notiere, welche Arten von Objekten darin auftauchen. Wer findet die meisten Objektarten?
b Bei einem Multimediadokument kann ein Text nicht direkt auf der Folie eingegeben werden. Gib in einer Präsentation einen Text ein und vergleiche mit dem Klassendiagramm (Abbildung 2, Seite 85).
Untersuche auch die anderen Enthält-Beziehungen.
c Finde heraus, wie du den Folienhintergrund gestalten kannst. Erprobe verschiedene Möglichkeiten (Muster, Bild, Farbverlauf) und beurteile ihre Eignung.
d Finde heraus, wie du eine Fußzeile sichtbar machen kannst und welche Informationen dort automatisch angezeigt werden können. Begründe knapp, warum diese Informationen für den Referenten oder Zuhörer wichtig sein können.
Entscheide, welche der Informationen du in deinem nächsten Referat anzeigen wirst.
e Finde heraus, wie du zwischen dem Bearbeitungs- und dem Vorführmodus wechseln kannst. Wie unterscheiden sich die Ansicht und die Aktionsmöglichkeiten in den beiden Modi?

2 Feedback zur Foliengestaltung

Ingo und Nicola sind bei ihrer Präsentation mit der ersten Folie fertig; du erhältst ihre Datei von der Lehrkraft. Gib beiden anhand verschiedener Kriterien ein kurzes Feedback, was gelungen ist und an welchen Stellen sie ihre Foliengestaltung verbessern können. Einige Punkte aus *Zum Weiterlesen 8* können dir dabei helfen.

3 Mein Lieblingsbuch, Lieblingstier …
Sammle Informationen zu einem Thema, das dich interessiert (zum Beispiel Lieblingsbuch, Lieblingstier, Urlaubsziel …). Entwickle eine kurze Präsentation, in der du möglichst viele Objektarten sinnvoll verwendest.

4 Forschungsauftrag
Sammle Informationen, nach welchen Grundsätzen man Folien attraktiv gestalten kann. Stelle diese in einer attraktiven Präsentation zusammen.

4.2 Einblenden von Objekten

4.2 Einblenden von Objekten

Peter möchte zu Beginn seiner Präsentation einen Überblick über historisch bedeutsame Orte geben. Allerdings möchte er, dass auf dieser Folie nicht alles auf einmal erscheint und damit zu viel verraten wird. Sinnvoller findet er es, die Bilder erst dann zu zeigen, wenn er über diesen Ort spricht.

Welche Fähigkeit benötigen die Bilder, um dieser Anforderung gerecht zu werden?

Die Bilder, wie auch die anderen Objekte auf einer Folie, verfügen über zusätzliche Methoden zur Animation (Abbildung 2). Mit diesen Methoden kann man das Objekt auf Befehl einblenden, ausblenden oder hervorheben. Bei der Vorführung der Präsentation wird dann zum Beispiel nach dem Drücken einer Maustaste dem Objekt, das als nächstes erscheinen soll, die Botschaft „Erscheine" geschickt. Auf diese reagiert es mit der Methode *Einblenden*.

Durch eine gezielte Animation kann man bei der Vorführung eine erhöhte Aufmerksamkeit bei den Zuhörern erreichen und das Augenmerk auf die entsprechende Stelle auf der Folie lenken. Für den Zuseher erscheinen die Objekte in dem Moment, in dem der Vortragende gerade von ihnen berichtet.

1 Peters Folie zum Überblick

2 Die Klasse BILD in einem Multimediadokument

Bei den Objekten kannst du bestimmen, auf welche Weise sie erscheinen sollen, zum Beispiel für das Attribut **EinblendeArt** durch Auftauchen, EinfliegenVonLinks, HorizontalBlenden, …

Soll das Objekt von Anfang an sichtbar sein, wird man es bei **EinblendeArt** beim Standardwert „keine" belassen.

Oft sollen mehrere, inhaltlich zusammengehörige Objekte gleichzeitig erscheinen. Auch Peter will jedes Bild zusammen mit dem zugehörigen Ortsnamen erscheinen lassen, deshalb hat er jeweils das Bild und das Textfeld zu einer Gruppe zusammengefasst. Diese Gruppe kann dann als Ganzes animiert werden. Du erkennst diese Gruppenfelder in Abbildung 3.

3 Festlegen der Einblendeart

87

4 Informationsdarstellung mit einfachen Multimediadokumenten

4 Menü für Reihenfolge des Einblendens

Bei den Attributen der Folie kannst du festlegen, in welcher **Reihenfolge** die einzelnen Objekte (bzw. Gruppen) animiert werden sollen, und bestimmen, welche Aktion beim Vorführen diese Animation auslöst (Abbildung 4). Dies wird häufig ein Mausklick oder ein Tastendruck sein. Wählt man als Auslöser ein festes Zeitintervall, dann erscheint das Objekt automatisch nach der angegebenen Zeit, ohne dass ein Tastendruck erforderlich ist.

Wenn man mehrere Folien präsentieren will, kann man die Übergänge zwischen den Folien zusätzlich durch Wechseleffekte interessanter gestalten.

5 Die ersten drei Objekte erscheinen nacheinander auf der Folie

Aufgaben

1 Entdecken – Verstehen
Deine Lehrkraft stellt dir eine Präsentation zur Verfügung. Untersuche und notiere, wie die Objekte dort animiert werden. Erkunde weitere Möglichkeiten der Animation.

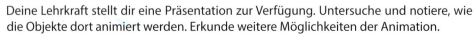

2 Feedback zur Animation in einer Präsentation
Ingo und Nicola haben Animationen in ihre Präsentation eingefügt; du erhältst ihre Dateien von der Lehrkraft. Gib beiden ein kurzes Feedback, was gelungen ist und an welchen Stellen sie ihre Animationen verbessern können.
Einige Punkte aus *Zum Weiterlesen 8* können dir dabei helfen.

→ L8

3 Mein Lieblingsbuch, Lieblingstier …
Ergänze deine Präsentation aus dem letzten Kapitel durch geeignetes (sparsames) Verwenden von Animationen.

4 Forschungsauftrag
Es gibt Präsentationssoftware, die nicht folienorientiert aufgebaut ist, sondern beispielsweise zoomorientiert. Recherchiere und analysiere ein Beispieldokument. Ergebnis deiner Analyse sollte sein, welche Vor- bzw. Nachteile die unterschiedlichen Präsentationsdokumentarten haben.

4.3 Projekt – Eine Präsentation erstellen und vortragen

Projektablauf
Mit den Inhalten der letzten beiden Kapitel bist du in der Lage, Präsentationsfolien mit Texten, Bildern und Animationen zu erstellen. Das allein genügt aber noch nicht, du musst deine Möglichkeiten auch sinnvoll einsetzen.

Wichtig ist zunächst, dass du wesentliche **Inhalte** zum Thema erarbeitest und diese übersichtlich strukturierst. Basis dafür ist eine solide Recherche, bei der du auf Quellen zugreifst, die vertrauenswürdig sind und deren Inhalt du gut verstehst. Vergiss also nicht, einen Blick ins Schulbuch und die Schulbibliothek zu werfen. Beachte auch das Urheberrecht, indem du die Quellen deiner Texte und Bilder angibst.

Achte bei der **Foliengestaltung** auf Ausgewogenheit zwischen Text und Bild und auf eine zielgerichtete Auswahl von Gestaltungselementen und Animationen.

Der große Abschluss des Projekts ist der **Vortrag**. Hier musst du dein Publikum von Angesicht zu Angesicht überzeugen. *Zum Weiterlesen 8* gibt dir wichtige Tipps zu den beiden Punkten. → L8

Bei allen Projekten ist eine **Planung** wichtig. Gerade wenn ihr in einer Gruppe ein Thema bearbeitet, müsst ihr dafür sorgen, dass alle wichtigen Arbeiten verteilt werden und ihr rechtzeitig fertig werdet. In *Zum Weiterlesen 10* findet ihr wertvolle Hinweise zur Planung. → L10

Aspekte des Urheberrechts
Bei Verwendung von Bildern und Texten musst du das Urheberrecht beachten. Der Autor eines Werkes („Werke" sind hier Texte, Computerprogramme, Musik, Bilder, Grafiken, Pläne, Tabellen, Fotos) hat für sein Werk gearbeitet und darf deshalb auch bestimmen, wie er es vermarktet und was damit geschieht.

Im Rahmen einer „wissenschaftlichen Arbeit", wozu auch eine Präsentation zählen kann, darfst du aber zitieren und Inhalte mit eigenen Worten wiedergeben. Es ist aber vorgeschrieben, die zugehörigen Quellen anzugeben. Bei einem Buch sind dies zumindest Autor, Titel des Werkes, Erscheinungsort und -jahr sowie die Seitennummer des Zitats. Zum Beispiel: Steele Philip, „Das große Kinderlexikon", München 2009, S. 73.

Zitierst du aus dem Internet, musst du die entsprechende Adresse, das Abrufdatum sowie, falls angegeben, den Urheber nennen. Als Beispiel die Abbildung 1: commons.wikimedia.org/wiki/File:Creative Commons_logo_trademark.svg (abgerufen am 30.1.16).

Ein Zitat muss aber einen begrenzten Umfang haben. Du kannst also beispielsweise nicht ein vorhandenes Referat aus dem Internet kopieren und vortragen. Deine Eigenleistung muss deutlich erkennbar sein und den Großteil der Arbeit darstellen. Für die Schule gibt es noch eine Sonderregelung: Zur Veranschaulichung des Unterrichts ist die Vervielfältigung von kleinen Teilen eines Werkes erlaubt (maximal 12 %, jedoch nicht mehr als 20 Seiten).

Siebzig Jahre nach Tod des Autors erlischt in der Regel das Urheberrecht. Das Werk darf dann frei kopiert werden. Werke ohne Urheberrecht werden als gemeinfrei bezeichnet. Auch bei gemeinfreien Werken ist eine Quellenangabe notwendig.

Lizenzmodell der freien Nutzung
Es gibt auch Urheber, die anderen das Recht einräumen, ihre Werke zu kopieren, wiederzuverwenden und zu verändern. Damit dies ohne Missverständnisse und ohne ein Einholen der Erlaubnis beim Autor funktioniert, wurde das Lizenzmodell Creative Commons (CC) entwickelt. Die Tabelle auf der nächsten Seite zeigt verschiedene Varianten dieses Lizenzmodells.

1 Logo Creative Commons

	BY (by = von)	Der Name des Urhebers muss genannt werden.
	NC (non commercial)	Das Werk darf nicht für kommerzielle Zwecke verwendet werden. (Auch der Verkauf zum Selbstkostenpreis ist verboten.)
	ND (non derivated)	Das Werk darf nicht verändert werden.
	SA (share alike)	Das Werk muss nach Veränderungen unter der gleichen Lizenz weitergegeben werden.

Die Varianten können beliebig kombiniert werden. So bedeutet beispielsweise CC-BY-SA, dass der Autor genannt werden und das Werk unter der gleichen Lizenz weitergegeben werden muss. Eine Veränderung und eine kommerzielle Nutzung sind möglich.
Nutze bei der Bildersuche insbesondere die Möglichkeit, nur solche Bilder anzuzeigen, die frei genutzt werden können, und gib das Lizenzmodell bei der Quellenangabe an.

Aufgaben

 **1 Lesen – Verstehen**
Lies den Text dieses Kapitels und erstelle eine knappe Zusammenfassung. Überprüfe dann an folgenden Aufgaben, ob du wesentliche Aspekte verstanden hast:
a Erstelle zunächst in Einzelarbeit ein Bewertungsraster zur Benotung eurer Präsentation. Diskutiert im Anschluss in der Klasse verschiedene Vorschläge und stimmt das Bewertungsraster mit der Lehrkraft ab.
b Bilde drei unterschiedliche Kombinationen von Creative-Commons-Symbolen und erkläre die Bedeutung dieser Lizenzen.

  2 Bildersuche
a Suche jeweils ein Bild von einem bekannten Gebäude und einer berühmten Persönlichkeit unter www.wikipedia.de und ermittle das Lizenzmodell. Du findest es, indem du das Bild anklickst und dir dann weitere Einzelheiten anzeigen lässt.
b Nenne mögliche Gründe, warum von bekannten Comic-Helden wie Micky Maus, Asterix oder Tim und Struppi in Wikipedia keine Bilder zu finden sind?

   **3 Projektbeispiele**
Es gibt viele interessante Themen, zu denen man Präsentationen erstellen kann. Folgende Aufzählung zeigt Beispiele zu unterschiedlichen Fächern:
- Blütenpflanzen oder Samenpflanzen – Biologie: Kreuzblütengewächse, Schmetterlingsblütengewächse, Süßgräser, Gewürzpflanzen, Giftpflanzen, Heilpflanzen, …
- Fische, Vögel, Reptilien oder Amphibien – Biologie: Körperbau, Körpertemperatur und Atmung, Gefährdung und Schutz, Lebensraum, …
- Literarische Kleinformen – Deutsch: Sagen, Fabeln, Erzählung, Legende, Märchen, …
- Griechische Antike – Geschichte: Götter, Olympische Spiele, Auswanderung und Kolonisation, Sparta – ein Soldatenstaat?, Demokratie in Athen, Kunst und Kultur, …

Deine Lehrkraft wird dir Details zur Themenwahl, Zeitumfang, Benotung, Gruppeneinteilung etc. mitteilen.

Teste dich selbst!

T1 Qualität einer Präsentation
Diskutiere die Richtigkeit der folgenden Aussagen in Bezug auf die Gestaltung der Präsentationsfolien:
„Je abwechslungsreicher, desto besser."
„Animation lenkt nur vom Vortrag ab."
„Viele Abbildungen, wenig Text ist am besten."

T2 Klassendiagramme
a Skizziere eine Klassenkarte für ein Rechteck auf einer Präsentationsfolie. Benenne insbesondere Methoden zur Animation. Kennzeichne Methoden, die nur im Bearbeitungsmodus verfügbar sind, mit gelb, Methoden für den Vorführmodus mit blau und Methoden, die es in beiden Modi gibt, mit grün.

b Georg sagt: „Eine Folie enthält kein, ein oder mehrere Textfelder, die Textfelder wiederum enthalten Absätze und diese enthalten Zeichen. Dann ist doch auch Folgendes richtig:"

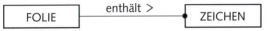

Nimm Stellung zu dieser Behauptung.

T3 Fehlerhafte Punktnotation
Valentin hat vergessen, wie die Punktnotation geht. Hilf ihm, indem du seine Lösungen in deinem Heft korrigierst und ihm erläuternde Hinweise gibst!

a Textfeld1 ist von der Klasse, die die Textfelder beschreibt.
Valentins Lösung: TEXTFELD1.Textfeld

b Die Hintergrundfarbe von Textfeld1 ist gelb.
Valentins Lösung: Hintergrund.Farbe(Textfeld1) = gelb

c Die Breite von Textfeld1 wird auf 7 cm gesetzt.
Valentins Lösung: Breite.Setzen = (7 cm)

T4 Urheberrecht bei Bildern

Pfeilgiftfrosch

Quelle: commons.wikimedia.org/wiki/File:
Schrecklicherpfeilgiftfrosch-01.jpg
CC-BY-SA 3.0 (abgerufen am 8. 10. 16)

Der Palast des Minos

*Brichzin et al. „Informatik 1",
München 2017, S. 84*

a Welcher Bestandteil fehlt in der Quellenangabe des Bildes vom Pfeilgiftfrosch? Benenne ihn.

b Beurteile bei jedem der beiden Bilder, ob eine Verwendung bei einer Präsentation im Unterricht bzw. eine Veröffentlichung auf einer Internetseite erlaubt ist. Begründe deine Einschätzung knapp.

Zum Weiterlesen

8 Aus der Praxis: Referentin für Öffentlichkeitsarbeit

„Mein Name ist Barbara Notz. Zuständig für die Öffentlichkeitsarbeit meiner Firma, muss ich häufig Vorträge organisieren und halten. Eine interessante und spannende Multimediapräsentation zu erstellen ist gar nicht so schwierig, wenn du dich an einige wichtige Regeln hältst":

1. **In der Kürze liegt die Würze**
   Die Folien sollen den Vortrag ergänzen, nicht wiederholen. Verwende deshalb nur Stichpunkte, keine ganzen Sätze! Bringe zusätzliche Informationen und Erläuterungen mündlich ein.

2. **Eins nach dem anderen**
   Gliedere deine Folien in einer sinnvollen Reihenfolge! Am besten erstellst du für jede neue Aussage eine neue Folie.

3. **Ein Bild sagt mehr als tausend Worte**
   Gestalte deine Folien abwechslungsreich und verwende, wenn es zum Verständnis beiträgt, Grafiken, Bilder und Tabellen! Hast du sogar einen passenden Gegenstand zu deinem Thema wie eine Blume oder ein Fossil, dann verstärkt das auch die Anschaulichkeit.

4. **Zu bunt ist ungesund**
   Text und Bild sollen deinen Vortrag unterstützen, nicht von ihm ablenken. Zu viele Farben, Bewegungs- und Geräuscheffekte sowie Bilder ohne Zusammenhang zum Inhalt stören beim Mitdenken.

5. **Alle haben den roten Faden**
   Den Zuhörern sollte der inhaltliche Aufbau des Vortrags deutlich sein. Dies kannst du durch einen Überblick am Anfang und eine Zusammenfassung am Ende erreichen. Hebe die wichtigsten Punkte deutlich hervor! Durch ein → Handout können die Zuhörer auch während des Vortrags immer den Zusammenhang erkennen.

→ engl.: Informationsblatt

6. **Ab 30 Folien pro Sekunde hast du einen Film**
   Lass dir für jede Folie genügend Zeit zur Erklärung! Je schneller du die Folien wechselst, umso weniger verstehen deine Zuhörer von den Zusammenhängen.

7. **Nicht nur der Inhalt zählt**
   Achte während des Vortrags auf deine Zuhörer! Nimm Blickkontakt mit den Zuhörern auf, stelle Zwischenfragen und lass auch Fragen der Zuhörer zu!

8. **Sprich laaaaaangsaaaaaaaaaam**
   Damit deine Zuhörer dich gut verstehen, solltest du auf dein Sprechtempo achten. Deine Zuhörer wissen viel weniger über das Thema als du und brauchen Zeit, die Information zu verarbeiten. So sind beispielsweise kleine Pausen zwischen Sinnabschnitten wichtig.

9. **Du bist der Chef im Ring**
   Halte deinen Vortrag im Stehen, achte auf deine Körperhaltung und sprich laut!

10. **Übung macht den Meister**
    Lerne deinen Vortrag nicht auswendig, aber übe so lange, bis du ihn sicher beherrschst! Halte einen Spickzettel bereit – dein Präsentationsprogramm bietet dir hierzu Möglichkeiten in der Gliederungsansicht.

Zum Weiterlesen

9 Die Zukunft

Computer werden immer leistungsfähiger und können damit auch immer mehr Arten der Informationsdarstellung verarbeiten. Wie du in diesem Kapitel gesehen hast, kannst du auch bewegte Bilder und Töne zusammen mit Texten, Grafiken und Bildern in einem Multimediadokument verwenden.

Darstellungen dreidimensionaler Bildinformation sowie die zugehörigen Ein- und Ausgabegeräte (Virtual-Reality-Brille) sind in den letzten Jahren entwickelt worden bzw. noch in der Entwicklung. An der Darstellung von Gerüchen wird gearbeitet. Vielleicht können wir in Zukunft in einem eigentlich leeren Raum durch einen als Hologramm projizierten Frühlingsgarten gehen und dabei den Duft der Blumen riechen und sogar den leichten Wind im Gesicht spüren?

Wenn diese Programme und Geräte einmal für den Alltagsgebrauch vorhanden sind, kannst du sie mit den erlernten objektorientierten Denkweisen leicht erschließen. Du musst dir nur überlegen, welche Objekte in diesen Dokumenten auftreten, zu welchen neuen Klassen diese Objekte gehören und welche Attribute und Methoden sie besitzen. Möglichst perfekte Darstellungen der Realität auf dem Computer sind hilfreich, um Dinge zu planen, zu veranschaulichen usw. Denke aber daran: Sie sind nie gleichwertig mit der Realität, also in unserem Beispiel: mit einem echten Spaziergang im Frühlingsgarten!

10 Projekte planen – durchführen – präsentieren

Im Arbeitsleben werden die Aufgaben oft im Team bewältigt. Eine Gruppe von Menschen bekommt einen Arbeitsbereich übertragen, für den die Gruppe gemeinsam die damit verbundenen Aufgaben plant und durchführt. Im Informatikunterricht kannst du diesen Projektstil trainieren. Dazu wirst du mit Mitschülerinnen und Mitschülern ein Team bilden. Die folgende Übersicht zeigt dir, worauf man bei der Arbeit im Team achten muss:

Die Ergebnisse eurer Arbeit sollen natürlich auch andere erfahren. Erstellt hierzu, wie in der Informatik gelernt, ein Multimediadokument. Die Präsentation könnt ihr ergänzen durch Pflanzen, Tiere, kleine Experimente usw. Lasst eurer Kreativität freien Lauf; es darf auch etwas Show dabei sein.

Denkt schon während der Planung und der Durchführung daran, dass für die Vorbereitung der Präsentation genügend Zeit bleibt. Hier zeigt ihr, was ihr als Gruppe geschafft habt. Die anderen Gruppen werden eure Arbeit kritisch, aber mit Solidarität werten. Sie sind in der gleichen Situation.

5 Hierarchische Informationsstrukturen

Du hast in der letzten Zeit schon viele Dateien erzeugt. Damit du nicht den Überblick verlierst, lernst du nun, wie du sie sinnvoll ordnen kannst. Dazu suchen wir nach neuen Klassen, ihren Attributen, Methoden und Zusammenhängen. Sie helfen dir beim Ordnen deiner Daten, erklären dir aber auch, wie die Dateiverwaltung auf deinem Computer arbeitet und zu bedienen ist.

5.1 Hierarchisch ordnen

Chaos auf dem Globus

In der Klasse von Nick wurde im Erdkundeunterricht ein Projekt über Urlaubsorte im Ausland durchgeführt. Über die Reiseziele von Nick und seinen Klassenkameraden haben die Schülerinnen und Schüler Informationen wie Größe und Einwohnerzahl zusammengetragen (Abbildung 1). Sie haben Karten, Flaggen und Fotos zur Veranschaulichung gesammelt (Abbildung 2). Wollen nun Freunde und Bekannte der Schüler etwas über ein Reiseziel wissen, können sie sich anhand der gesammelten Daten informieren.

1 Informationen zu Österreich

2 Paris, Österreich, Gardasee

3 Ordner mit den Projektergebnissen

Nick hat alle Dateien mit den Projektergebnissen in einem Ordner auf seinem Computer gespeichert (Abbildung 3). Er musste sich für jede Datei einen „umständlichen" Namen überlegen, damit er erkennen kann, welche Informationen sie enthält. Die alphabetische Auflistung (Abbildung 3) findet Nick jedoch unübersichtlich und er überlegt, wie er die Ordnung verbessern kann.

 Wie könnte Nick die Dateien besser ordnen?

Nick kann sich nicht so recht für eine Ordnung entscheiden. In jedem Fall findet er die Gliederung der Reiseziele klarer, wenn er geeignete Überschriften hinzufügt.

94

5.1 Hierarchisch ordnen

 Worin unterscheiden sich die beiden Gliederungen in Abbildung 4? Welche der dargestellten Ordnungen findest du übersichtlicher? Findest du noch andere Möglichkeiten, die Dateien zu ordnen?

Land
    Kanada
    Chile
    Frankreich
    Österreich

Stadt
    Bordeaux
    Buenos Aires
    Paris
    Salzburg
    Venedig
    Wien
    Zürich

Gewässer
    Gardasee
    Ontariosee
    Wolfgangsee

Europa
    Frankreich
        Bordeaux
        Paris
    Italien
        Gardasee
        Venedig
    Österreich
        Salzburg
        Wien
        Wolfgangsee
    Schweiz
        Zürich

Amerika
    Argentinien
        Buenos Aires
    Chile
    Kanada
        Ontariosee

4 *Zwei Möglichkeiten, die Projektergebnisse zu ordnen*

Im linken Teil von Abbildung 4 hat Nick die Informationen nach den Begriffen Land, Stadt und Gewässer geordnet. Das ist hilfreich, wenn man eine Städtereise oder einen Badeurlaub plant, sich aber noch nicht entschieden hat.

Da Nick jedoch von seinem Onkel nach Informationen über verschiedene Reiseziele in Österreich gefragt wurde, hat er im rechten Teil eine Ordnung nach Ländern gewählt. Er musste auch hier einige Überschriften wie „Italien" und „Amerika" ergänzen. So konnte Nick auf die Anfrage seines Onkels mit einem Blick sehen, zu welchen Reisezielen in Österreich er Informationen hat.

Zu Europa gehören Frankreich, Italien usw., zu Frankreich gehören Bordeaux und Paris. Dieser Ordnung liegt die Beziehung „ist Teil von" bzw. „enthält" aus Kapitel 3.3 zugrunde.
In der Anordnung im rechten Teil von Abbildung 4 ist eine eindeutige Rangfolge von übergeordneten und untergeordneten Objekten vorhanden. In der Rangfolge stehen an erster Stelle die Kontinente, an zweiter Stelle die Länder und zum Schluss Städte und Gewässer. In beiden Fällen kann Nick nun alle Projektergebnisse aus Abbildung 3 einordnen. So kommt zum Beispiel GardaseeFoto zur Überschrift Gardasee und FrankreichInfos zur Überschrift Frankreich.

→ 3.3

Strukturen, bei denen eine eindeutige Rangfolge von übergeordneten und untergeordneten Objekten festgelegt ist, nennt man → **hierarchische Strukturen**.

→ griech. hierarchia: Rangfolge, Über- und Unterordnungsverhältnisse

5 Hierarchische Informationsstrukturen

Aufgaben

1 Lesen – Verstehen
Lies den Text dieses Kapitels und erstelle eine knappe Zusammenfassung. Überprüfe dann an folgenden Aufgaben, ob du wesentliche Aspekte verstanden hast:
a Gib an, weshalb es sinnvoll ist, Information hierarchisch zu ordnen.
b Erkläre den Begriff „hierarchische Struktur" mit eigenen Worten.
c Verdeutliche an einem Beispiel mit maximal zehn Begriffen, dass für ein Thema unterschiedliche hierarchische Strukturen möglich sind.

2 Chaos im Sportclub
In einem Sportverein sollen die Sportarten nach Abteilungen geordnet werden:
Rock'n'Roll, Fußball, Ski-Slalom, Handball, 100-m-Lauf, Weitsprung, Volleyball, moderner Tanz, Snowboard, Golf, Walzer, Basketball, Skispringen
a Entwickle drei verschiedene Lösungen mit geeigneten Überbegriffen.
b Bewerte die verschiedenen Lösungen hinsichtlich ihrer Tauglichkeit.
c Stelle deine Ordnung durch eine Formatierung ähnlich zu Abbildung 4 (Seite 95) mit einem Textverarbeitungsprogramm dar.

3 Ordnung im Musikgeschäft

Luftklinger (Aerophone)
- Akkordeon
- Flöte
- Klarinette
- Saxophon
- Trompete
- Tuba

Saitenklinger (Cordophone)
- Cello
- Geige
- Gitarre
- Klavier
- Zither

Selbstklinger (Ideophone)
- Gong
- Maracas
- Xylophon

Fellklinger (Membraphone)
- Konga
- Pauke
- Snaredrum

„Stromklinger" (Elektrophone)
- E-Gitarre
- E-Piano
- Synthesizer

In Abbildung 5 siehst du verschiedene Musikinstrumente in einer Ordnung.
a Nenne das Ordnungskriterium und begründe, warum die Struktur hierarchisch ist.
b Ordne nach Spielart! Geeignete Überbegriffe wären hier Tasteninstrumente oder Schlaginstrumente! Ergänze weitere Überbegriffe.
c Nenne eine weitere Möglichkeit, die Instrumente zu ordnen.
d Welche der Ordnungen würdest du als Struktur für die Webseite des Musikgeschäfts vorschlagen? Begründe deine Antwort kurz.

5 Musikinstrumente

4 Hierarchische Struktur
Sicherlich sind dir hierarchische Strukturen schon im Alltag und in der Schule begegnet, ohne dass du den Begriff „Hierarchie" kanntest.
Nenne mindestens zwei solche Beispiele und begründe knapp, warum es sich um eine hierarchische Struktur handelt.

5 Forschungsauftrag
a In Bibliotheken müssen die Bücher gut geordnet sein, damit man die gesuchten Werke zügig findet. Gehe in eine Bibliothek (zum Beispiel die Schulbibliothek) und finde heraus, wie dort der Bestand hierarchisch geordnet ist.
b Gesellschaftliche Strukturen (sowohl reale wie die Hochkultur in Ägypten und das römische Weltreich, als auch erfundene in Romanen und Spielen) enthalten auch Hierarchien. Recherchiere ein Beispiel und veranschauliche es in einem Text- oder Grafikdokument.

5.2 Bäume mit der Wurzel oben

In Abbildung 1 siehst du eine andere Darstellung der hierarchischen Struktur im Beispiel „Chaos auf dem Globus" aus Kapitel 5.1.

→ 5.1

 Welche Vorteile hat die Darstellung? Woher kennst du bereits solche Diagramme?

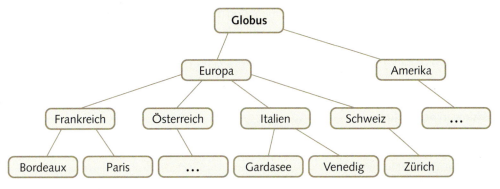

1 Ordnung auf dem Globus als Baumdiagramm

Alle hierarchischen Strukturen kannst du übersichtlich in der Form eines **Baumdiagramms** wie in Abbildung 1 darstellen. Im Beispiel steht oben der Begriff Globus, eine Stufe tiefer sind die Kontinente zu finden, dann die Länder und ganz unten die Städte und Gewässer. Ein solches Diagramm gibt einen guten Überblick, welche Position ein Begriff innerhalb der Struktur einnimmt.

Ein Baumdiagramm ist nichts neues für dich. Du kennst es bereits aus dem Mathematikunterricht. Dort hast du Terme hierarchisch gegliedert.

 Kannst du den Term zu dem in Abbildung 2 dargestellten Baum angeben?

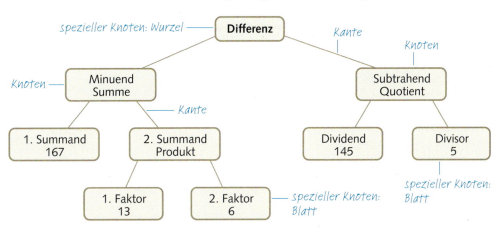

2 Termbaum/ Bestandteile eines Baums

Ein Baumdiagramm besteht aus **Knoten** und **Kanten**. Die Kanten verbinden die Knoten. Abbildung 2 enthält neun Knoten und acht Kanten. Ein Kennzeichen eines Baumdiagramms ist, dass in jeden Knoten genau eine Kante hineinläuft. Einzige Ausnahme ist der oberste Knoten (in Abbildung 2 die Differenz). Diesen besonderen Knoten nennt man **Wurzel**.

Aus jedem Knoten können nun eine oder mehrere Kanten, aber auch keine Kante herauslaufen. Einen Knoten, aus dem keine Kante herausläuft, nennt man **Blatt**.

5 Hierarchische Informationsstrukturen

Um die Einordnung eines Knotens in der Hierarchie zu erfassen, kann man den Weg beschreiben, wie man im Baum von der Wurzel bis zu diesem Knoten kommt. Beispielsweise hat in Abbildung 1 (Seite 97) der Knoten „Schweiz" den Pfad Globus/Europa/Schweiz und das Blatt „Venedig" den **Pfad** Globus/Europa/Italien/Venedig.

Hierarchische Strukturen lassen sich im Allgemeinen als **Baumdiagramm** darstellen. Die Bestandteile von Baumdiagrammen sind **Knoten** und **Kanten**, wobei **Wurzel** (oberster Knoten) und **Blätter** (Knoten ohne ausgehende Kante) besondere Knoten sind.
Der **Pfad** zu einem Knoten beschreibt den Weg von der Wurzel bis zu diesem Knoten.

Bäume in der Biologie

In der Biologie hast du bei „Wirbeltiere in verschiedenen Lebensräumen" eine Reihe von Tieren kennengelernt. Weltweit gibt es ca. 67 000 verschiedene Wirbeltierarten. Wie kann man die Informationen über alle Tiere und Pflanzen sinnvoll strukturieren? Der schwedische Naturwissenschaftler → Carl von Linné hat 1735 die Grundlagen der modernen Systematik zur Einteilung der Lebewesen entwickelt (→ Taxonomie). Die Verwandtschaftsbeziehungen der Lebewesen werden hierarchisch strukturiert und können als Baumdiagramm dargestellt werden. Bestimmte Merkmale eines Lebewesens legen fest, welcher Gruppe das Tier bzw. die Pflanze zugeordnet wird.
Abbildung 3 zeigt dir einen sehr kleinen Ausschnitt.

→ Carl von Linné (1707–1778)

→ Taxonomie ist die Wissenschaft von der Einteilung der Organismen.

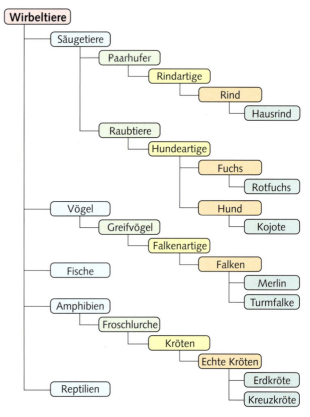

3 Ausschnitt aus dem Baum für Wirbeltiere

Die einzelnen Ebenen des hierarchischen Baums bekommen in der Biologie spezielle Namen:

In der Praxis werden die Ebenen oft noch feiner untergliedert.

Die Hierarchie ist in Abbildung 3 nicht wie in den Abbildungen 1 und 2 (Seite 97) von oben nach unten, sondern von links nach rechts angeordnet. Diese Anordnung wird auch im Dateisystem zur Darstellung der Ordnerstruktur wie in Abbildung 4 verwendet.

5.2 Bäume mit der Wurzel oben

4 Ordnerstruktur für Daten zu Wirbeltieren; die Anordnung der jeweiligen Hierarchiestufen ist alphabetisch.

Hinweise:
- Informatiker stellen Bäume mit der Wurzel oben und den Blättern unten dar (Abbildung 5).
- Hierarchische Bäume bieten nicht nur in der Biologie, sondern auch in anderen Gebieten eine hervorragende Möglichkeit zum Strukturieren von Information. Du wirst im Laufe deiner Schulzeit noch öfter davon Gebrauch machen.

5 Wurzel oben – Blätter unten

Aufgaben

1 Entdecken – Verstehen

a Untersuche mit einem Dateiverwaltungsprogramm die Struktur der Daten auf deinem Computer in der Schule bzw. deinem USB-Stick. Zeichne ausgehend von den Ordnern, die du häufig verwendest, ein Baumdiagramm für die übergeordneten Ordner bis zur Wurzel ähnlich zu Abbildung 1 (Seite 97).

b Lies die ersten beiden Seiten dieses Kapitels, damit du für eine Besprechung mit deinem Nachbarn die Fachbegriffe bei Baumdiagrammen kennst. Stelle dann deine Lösung aus a) unter Verwendung der Fachbegriffe deinem Nachbarn vor.

c Begründe, warum in Dateiverwaltungsprogrammen eine horizontale Anordnung der Hierarchie (Abbildung 4) und nicht eine vertikale Anordnung (Abbildung 1) verwendet wird.

2 Adressen in Deutschland

Nick hat eine Brieffreundin in Berlin. Sie heißt Barbara und wohnt in der Mozartstr. 45.

a Als Nick am Nachmittag nach dem Informatikunterricht Barbaras Adresse auf den Briefumschlag schreibt, fällt ihm auf, dass Postanschriften in Deutschland eine hierarchische Struktur haben. Begründe, warum Nick Recht hat.

b Erstelle ein Baumdiagramm mit den Adressen von acht deiner Freunde bzw. Verwandten. Achte darauf, dass mindestens drei verschiedene Orte vorkommen.

c Wie kann in einem Baumdiagramm für Adressen der Rathausplatz mehrfach vorkommen? Ergänze dein Baumdiagramm um zwei entsprechende Adressen. Gib ihre Pfade in folgender Notation an: Deutschland/Berlin/Mozartstraße/45.

99

5 Hierarchische Informationsstrukturen

3 Ordner erstellen

In Biologie wird ein Projekt über zweikeimblättrige Samenpflanzen durchgeführt. Damit sich die Ergebnisse schnell finden lassen, gibt die Biologielehrerin die in Abbildung 6 dargestellte Ordnung vor.

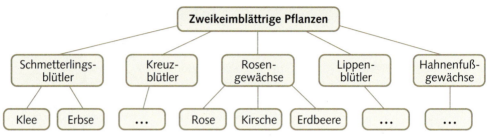

6 Ordnung für zweikeimblättrige Pflanzen

a Erstelle entsprechend zum Baumdiagramm in Abbildung 6 eine Ordnerstruktur in deinem Dateisystem.

b Ergänze die vorhandene Baumstruktur um folgende Pflanzen:
Apfelbaum, Kohl, Pfefferminze, Rosmarin, Thymian, Raps, Windröschen, Hahnenfuß, Taubnessel
Ergänze nun auch die Ordnerstruktur aus a).

4 Weitere Reiseziele

a Als weiteres Reiseziel kommt im Erdkundeprojekt der Bodensee hinzu. Entscheide, wie dieser Begriff in Abbildung 1 (Seite 97) einsortiert werden sollte. Entscheide, ob nach dem Einsortieren noch eine hierarchische Ordnung vorliegt, und begründe dein Ergebnis.

b Nun wird auch noch der Atlantik hinzugefügt, der an Europa und Amerika grenzt. Franziska schlägt vor, im Dateisystem bei beiden Kontinenten einen entsprechenden Unterordner anzulegen. Beschreibe, weshalb dies bei der Suche nach oder Aktualisierung von Dateien zu Problemen führen kann.

5 Ahnentafel

a Zeichne eine Ahnentafel mit dir als Wurzel und deinen Omas und Opas als Blätter.

b Begründe, warum die Ahnentafel aus a) eine Baumstruktur hat und die Anzahl der Knoten immer sieben beträgt.

c Kannst du in die Ahnentafel aus a) noch mehr Vorfahren eintragen? Begründe, warum es möglich sein kann, dass die Ahnentafel nach einigen Generationen keine Baumstruktur mehr hat.

6 Forschungsauftrag

a Bereite den Baum eines K.-o.-Wettkampfes vor und trage dort (per Losverfahren) deine Klassenkameraden ein. Erstelle ein kleines Quiz mit Fragen zum Grundwissen Informatik, die jeweils ein Wort als Antwort haben. Beispiele: „Wie nennt man Fähigkeiten von Objekten?" oder „Nenne ein Attribut der Klasse ABSATZ!".
Wie viele Fragen benötigst du für den Wettkampf? Führe in Absprache mit deiner Lehrkraft den Wettbewerb durch. Handle dabei mit deiner Lehrkraft für den Sieger und dich einen Preis aus, zum Beispiel einen Müsliriegel.

b Bei Aufgabe 4b hat es sich als problematisch erwiesen, wenn sowohl bei Europa als auch bei Amerika ein Unterordner „Atlantik" existiert. Ermittle, welche Lösung dein Dateisystem bietet, um die Doppelung zu vermeiden.

5.3 Dateien und Ordner

Objekte eines Dateisystems
Nick hat sich für die hierarchische Ordnung entschieden, weil er so Urlaubsanfragen wie die seines Onkels schneller beantworten kann. Er ist auf die Idee gekommen, diese Ordnung mit seinem Dateiverwaltungsprogramm umzusetzen. Dazu hat er für jede Überschrift einen Ordner angelegt und dort die entsprechenden Dateien gespeichert.

Einen Ausschnitt aus dem Dateiverwaltungsprogramm von Nick kannst du in Abbildung 1 sehen. Welche Objekte kannst du erkennen? In welche Klassen würdest du diese Objekte einteilen? Welche Attribute und Methoden kannst du diesen Klassen zuordnen?

Im Dateisystem sind Objekte von zwei Klassen sichtbar. Es sind dies die Klassen **DATEI** und **ORDNER**.
Wenn du in deinem Dateiverwaltungsprogramm eine Datei auswählst und dir dann ihre Eigenschaften anzeigen lässt, wirst du schnell erkennen, welche Attribute die Objekte der Klasse DATEI besitzen. Wichtige Attribute sind Dateiname, Typ, Größe, Schreibschutz, Erstellzeitpunkt und Änderungszeitpunkt. Wie immer bekommt jedes Objekt der Klasse DATEI beim Anlegen einen innerhalb des ganzen Dateisystems eindeutigen Objektbezeichner. Diesen bekommst du als Benutzer nicht zu sehen. Zusätzlich hat die Datei ein eigenes Attribut Dateiname. Seinen Wert kannst du selbst eingeben und später beliebig ändern.

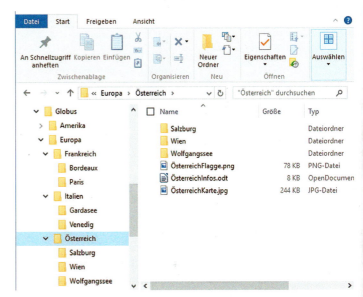

1 Objekte des Dateisystems

DATEI
Dateiname
Typ
Größe
Erstellzeitpunkt
Änderungszeitpunkt
Schreibschutz
Symbol
Inhalt
…
Umbenennen(DateinameNeu)
Öffnen(mitProgramm)
Kopieren(Zielordner)
Verschieben(Zielordner)
Löschen()
PfadBestimmen()
…

Datei7
Dateiname = „ÖsterreichFlagge"
Typ = PNG-Datei
Größe = 78 kB
Erstellzeitpunkt = 05.06.2018 08:15
Änderungszeitpunkt = 05.07.2018 08:51
Schreibschutz = nein
Symbol =
…

2 Klasse DATEI mit Beispielobjekt

101

5 Hierarchische Informationsstrukturen

Viele der Attributwerte (zum Beispiel für Erstellzeitpunkt) kannst du nicht setzen; sie werden automatisch vom Dateiverwaltungsprogramm festgelegt.

→ 2.2

In manchen Dateisystemen ist der Typ der Datei aus einem mit Punkt vom Dateinamen getrennten Anhang ersichtlich. So steht docx für eine Datei mit Daten im Word-Format oder gif für eine Datei mit Daten im GIF-Bildformat. Im Attribut Inhalt werden die eigentlichen Daten aufbewahrt, die in der Datei gespeichert sind (Kapitel 2.2). Beim Speichern wird auch der Typ der Datei geeignet gesetzt, sodass ein Programm den Inhalt beim späteren Öffnen der Datei richtig auswerten kann.

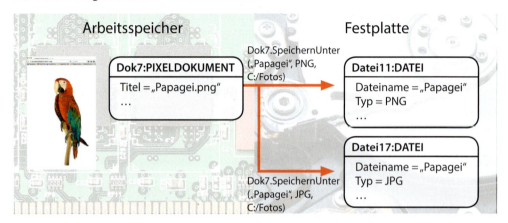

3 Speichern

Objekte der Klasse DATEI besitzen unter anderem die Methoden *Kopieren*(ZielOrdner), *Verschieben*(ZielOrdner), *Umbenennen*(DateinameNeu), *Öffnen*(mitProgramm). Du hast diese Methoden sicherlich schon einmal durch Mausklick oder Menüauswahl aufgerufen.

Über einen Menübefehl oder Doppelklick schickst du dem Dateiverwaltungssystem die Botschaft „Öffne bitte die ausgewählte Datei". Dieses leitet die Botschaft an die Datei weiter mit der Zusatzinformation, welches Programm zum Öffnen verwendet werden soll. Nach Aufruf der Methode „Öffnen" liest das Programm den Inhalt der Datei und erzeugt ein neues Dokumentenobjekt zusammen mit den darin enthaltenen Objekten. Das Wiederherstellen gelingt, wenn die Daten in der Form vorliegen, die der Dateityp angibt und ein geeignetes Programm zum Öffnen verwendet wird (Abbildung 4).

4 Öffnen

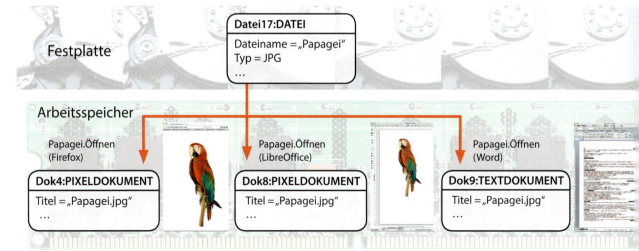

102

5.3 Dateien und Ordner

Ordner

Ordner dienen zur Gliederung des Dateisystems und zur besseren Übersicht. Jede Datei des Dateisystems gehört zu genau einem Ordner. Man sagt: „Der Ordner enthält die Datei". Die wichtigsten Attribute und Methoden der Klasse ORDNER sind ähnlich zu den Attributen und Methoden der Klasse DATEI.

5 Klasse ORDNER mit Beispielobjekt

Beziehungen zwischen den Klassen

Nick ist mit seiner Ordnung sehr zufrieden, da er auf Anfragen wie die seines Onkels sehr schnell Antworten findet. Werden beispielsweise Informationen zum Gardasee gesucht, findet er alle in dem entsprechenden Ordner. Zu diesem gelangt er, indem er im Hauptordner (C:) seines Dateisystems den Ordner Globus öffnet, darin den Ordner Europa und zuletzt Italien (Abbildung 6).

Du siehst: Ordner können Dateien und weitere Ordner enthalten. Das Klassendiagramm, das die Beziehung zwischen den Klassen ORDNER und DATEI veranschaulicht, ist in Abbildung 7 zu sehen.

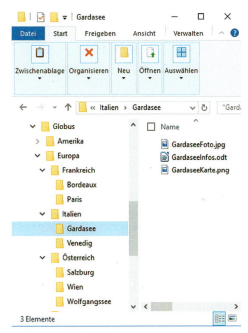

6 Ausschnitt aus dem Inhalt der Festplatte von Nick

7 Klassendiagramm für ORDNER und DATEI

→ lat. recurrere: zurückgehen

→ Manchmal setzt das Betriebssystem doch eine Grenze.

Da Objekte der Klasse ORDNER wiederum Objekte der Klasse ORDNER enthalten können, weist das Klassendiagramm eine Enthält-Beziehung der Klasse ORDNER mit sich selbst auf (→ **rekursive Beziehung**). Ein Ordner kann → theoretisch beliebig viele andere Ordner enthalten!

Was ist völlig neu gegenüber den bisherigen Klassendiagrammen?

103

5 Hierarchische Informationsstrukturen

→ engl. root: Wurzel

Bei einem Dateisystem gibt es Ordner, die in keinem anderen Ordner enthalten sind. Diese bezeichnet man als → **Wurzelordner** oder **Hauptordner**. Beim Betriebssystem Unix und beim Macintosh-Betriebssystem gibt es einen einzigen Wurzelordner, bei Windows für jeden Laufwerksbuchstaben (Beispiele: C, D, …) einen eigenen.

→ 5.2

Jede Datei und jeder Ordner, außer dem Wurzelordner, ist in genau einem Ordner enthalten. So entsteht eine Baumstruktur (siehe Kapitel 5.2).

Der Pfad zum Gardasee
Während Nick im Schullandheim ist, kommt sein Onkel bei ihm zu Hause vorbei und interessiert sich für Nicks Rechercheergebnisse zum Gardasee.

? Welche Information muss Nick hinterlassen, damit ein anderer die entsprechenden Dateien im Computer finden kann?

Dem Onkel genügt zum Finden des Ordners „Gardasee" die Information

/Globus/Europa/Italien/Gardasee

auf einem Zettel. Aufgrund der Schreibweise weiß der Onkel, welche Ordner er ausgehend vom Wurzelordner der Reihe nach öffnen muss. Entsprechend der Enthält-Beziehung aus dem Klassendiagramm in Abbildung 7 (Seite 103) würde Nick am Telefon seinem Onkel die Kurznotation wie folgt mitteilen:
„Der Wurzelordner enthält (den Ordner) Globus, dieser enthält (den Ordner) Europa, dieser enthält (den Ordner) Italien und dieser enthält den Ordner Gardasee."

→ 3.3

Hinweis: Die Schreibweise der Pfade entspricht der erweiterten Punktnotation bei Objekten mit einer Enthält-Beziehung.

→ 5.2

Die Lage des Ordners Gardasee ist durch die übergeordneten Ordner festgelegt. In der Informatik nennt man diese Art der Beschreibung für die Lage eines Ordners bzw. einer Datei den **Pfad** des Ordners bzw. der Datei. Für die Datei GardaseeKarte ergibt sich der Pfad /Globus/Europa/Italien/Gardasee/GardaseeKarte.

Manchmal ist es auch nützlich, die Lage eines Ordners oder einer Datei nicht vom Wurzelordner aus zu beschreiben (**absoluter** Pfad), sondern von der Stelle im Baum, an der gerade gearbeitet wird. Wenn man zum Beispiel mit der Datei VenedigInfo im Ordner Venedig arbeitet, weil man dort Urlaub macht, und zu Informationen über den Gardasee möchte, so muss man zuerst einen Ordner (Knoten) im Baum nach oben gehen und dann wieder nach unten in den Ordner zum Gardasee. Ein solcher Pfad heißt **relativer** Pfad. Die Kurznotation lautet:

../Gardasee/GardaseeKarte

Ein Schrägstrich ohne weitere Zeichen davor sagt, dass ein absoluter Pfad gegeben ist (Beginn bei der Wurzel); alle anderen Pfade sind relativ. Zwei Punkte zu Beginn des Pfades statt eines Namens bedeuten, dass es an dieser Stelle einen Ordner nach oben geht.

104

5.3 Dateien und Ordner

Manche Betriebssysteme verwenden statt des Schrägstrichs (englisch slash) andere Zeichen, beispielsweise den umgekehrten Schrägstrich (englisch backslash). Teilweise wird bei einem absoluten Pfad auch noch der Laufwerksbuchstabe angegeben. So kann der Pfad für den Ordner Gardasee in unserem Beispiel auch wie folgt aussehen:

C:\Globus\Europa\Italien\Gardasee

Da der Pfad sehr wichtig ist, um Dateien und Ordner im Dateisystem zu finden, haben die Objekte der Klassen DATEI und ORDNER eine Methode *PfadBestimmen*. Sie wird aufgerufen, wenn du dir die Eigenschaften eines Objektes anzeigen lässt. In Abbildung 8 wird der Pfad als Ergebnis der Methode *PfadBestimmen* beim Begriff „Ort" angezeigt.

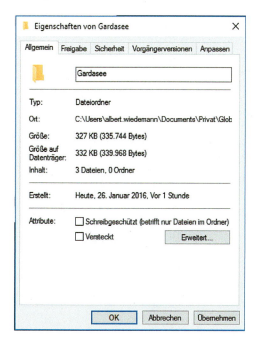

8 Eigenschaften des Ordners Gardasee mit Pfad

Ein Dateisystem benutzt Objekte der Klassen DATEI und ORDNER. Ein wichtiges Attribut der Klasse DATEI bzw. der Klasse ORDNER ist der Dateiname bzw. der Ordnername.
Ein Ordner kann neben Dateien auch selbst wiederum Ordner enthalten, also Objekte der eigenen Klasse. Eine solche Beziehung nennt man **rekursiv**.
Die Lage eines Ordners bzw. einer Datei in einem Dateisystem lässt sich durch den **Pfad** eindeutig beschreiben. Dabei werden die Dateinamen bzw. Ordnernamen verwendet.

5 Hierarchische Informationsstrukturen

Aufgaben

1 Entdecken – Verstehen

a Untersuche im Dateiverwaltungssystem die Attributwerte einiger Dateien, die du selbst erstellt hast. Verändere den Wert des Attributs Schreibschutz und ermittle, was sich beim Öffnen der Datei verändert. Skizziere für eine deiner Dateien eine Objektkarte wie in Abbildung 2 (Seite 101).

b Öffne ein Pixelgrafikdokument und untersuche, in welchen Dateitypen es gespeichert werden kann. Vergleiche den Speicherplatz der entstehenden Dateien.

c Untersuche eine Pixelgrafikdatei auf deinem Rechner, indem du sie in unterschiedlichen Programmen öffnest. Vergleiche die Darstellung und die Möglichkeiten zur Bearbeitung.

d Vergleiche das Klassendiagramm in Abbildung 5 (Seite 103) mit einem von dir erstellten Ordner. Notiere das zugehörige Objektdiagramm.

e Georg schlägt statt der Darstellung in Abbildung 7 (Seite 103) dieses Klassendiagramm vor:

Erkläre, was daran falsch ist, und erläutere das richtige Klassendiagramm im Heft.

f Erstelle einen Ordner, der mindestens fünf Ordner im Pfad hat. Öffne diesen Ordner und suche in deinem Dateiverwaltungsprogramm eine Möglichkeit, im Pfad schrittweise jeweils eine Ebene nach oben zu gelangen, bis du die oberste Ebene erreicht hast.

2 Pfade

In Abbildung 9 siehst du einen Ausschnitt aus dem Dateisystem in dem Nick seine Daten speichert.

a Notiere den Pfad folgender Ordner in der Notation deines Betriebssystems:
- Spiele
- Schule
- Biologie
- Deutsch

b Der Ordnername Fotos kommt mehrfach vor. Erkläre knapp, warum Nick keine Probleme hat, jeweils die passenden Dateien zu finden.

c Nick strukturiert um: Er erstellt auf der gleichen Hierarchiestufe der Ordner „Privat" und „Schule" einen Ordner „Fotos" und möchte dort alle seine Fotos speichern.
Gib ihm eine Empfehlung, welche Ordner er noch erstellen sollte, damit er immer schnell passende Fotos findet. Gib zu jedem dieser neuen Ordner den Pfad an.

9 Dateisystem für die Festplatte von Nick

106

5.3 Dateien und Ordner

3 Endlich Ordnung
Du hast in deinem bisherigen Informatikunterricht sicherlich viele Dateien abgespeichert. Es werden noch viele hinzukommen, auch aus anderen Unterrichtsfächern.
- **a** Überlege dir für deine Dateien eine sinnvolle Ordnung, um auch am Ende des Schuljahres Dateien schnell zu finden. Erstelle entsprechend deinen Überlegungen Ordner und verschiebe dann deine Dateien an den jeweils vorgesehenen Platz.
- **b** Gib Beispiele für ungeeignete Ordnungen an. Erkläre die Probleme mit diesen Ordnungen.
- **c** Falls du einen USB-Speicherstick verwendest, ändere den Namen so, dass dein Nachname und deine Klasse darin enthalten sind. Solltest du den Speicherstick einmal im Computerraum vergessen, so erhöht dies die Chance deutlich, ihn wieder zurückzubekommen.

4 Schnitzeljagd: relative Pfade (Wettbewerbsmöglichkeit)
Von deiner Lehrkraft erhältst du eine Ordnerstruktur mit dem Wurzelordner „Wurzel". Öffne die darin befindliche Datei „start.txt". Dort findest du einen Auftrag. Bearbeite diesen und die nachfolgenden Aufträge, bis du einen vollständigen Lösungssatz gefunden hast.

5 Navigation in einer hierarchischen Ordnerstruktur beim Speichern
(Ergänzung zur Aufgabe 3 aus Kapitel 5.2)
Nick hat ein Bild von einem vierblätterigen Kleeblatt gefunden und möchte es an der richtigen Stelle speichern. Bei der Auswahl des Menüpunkts „Speichern unter" erscheint jedoch nicht der passende Ordner, da er sich aktuell im Ordner Erdbeere befindet (Abbildung 10).
Welchen Weg muss Nick (im Baumdiagramm, in der Ordnerstruktur) gehen, um den richtigen Ordner zu finden? Notiere den Weg als relativen Pfad.

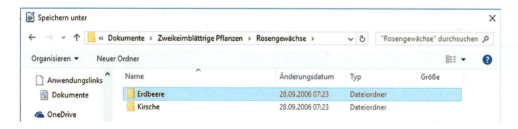

10 Ordnerüberblick beim „Speichern unter"

6 Rekursion erleben!
Jeder in eurer Klasse übernimmt die Rolle eines Ordners bzw. einer Datei. Die Ordner erfahren nur, wie sie heißen, in welchem Ordner sie enthalten sind und welche Ordner und Dateien sie selbst enthalten. Die Dateien erfahren nur ihren Namen und ihre Größe sowie den Ordner, in dem sie enthalten ist. Jedes Objekt (bis auf die Wurzel) legt seinem übergeordneten Ordner eine Hand auf die Schulter.
- **a** Erprobt im Rollenspiel, wie eine Datei ihren vollständigen Pfad ermitteln kann.
- **b** Erprobt im Rollenspiel, wie ein Ordner seine Größe (einschließlich aller in Unterordnern enthaltener Dateien) bestimmen kann.
- **c** Lass dir die Eigenschaften eines Ordners mit möglichst vielen Dateien anzeigen. Erkläre, woran sich erkennen lässt, dass die Größe kein Attribut ist, sondern rekursiv berechnet wird.

5 Hierarchische Informationsstrukturen

 7 Klassendiagramm eines Grafikdokuments
In Kapitel 3.3 hast du die Klasse GRUPPE bei Grafikdokumenten kennengelernt. Objekte der Klasse GRUPPE können in anderen Objekten der Klasse GRUPPE enthalten sein. Gib ein Klassendiagramm für Grafikdokumente an, das die Klasse GRUPPE beinhaltet.

 8 Forschungsauftrag
Stell dir vor, ein Ordner hätte die Attribute Größe und Pfad. Benenne Probleme, die sich beim Verschieben des Ordners oder beim Löschen einer enthaltenen Datei ergeben.

Teste dich selbst!

T1 Chaos im Zoo
  a Ordne folgende Tiere hierarchisch und ergänze geeignete Überbegriffe:
    Landschildkröte, Steinadler, Reptilien, Zauneidechse, Weißstorch, Nachtigall, Kreuzotter
  b Stelle die hierarchische Ordnung im Baumdiagramm dar und kennzeichne Beispiele für Knoten, Kanten, Wurzel und Blätter.
    Notiere den Pfad für den Begriff „Zauneidechse".
   c Übertrage die Darstellung in das Dateisystem: Die Blätter sind Dateien, die dir deine Lehrkraft zur Verfügung stellt, die Überbegriffe Ordner. Lass dein Dateiverwaltungsprogramm den Pfad von der Eidechse anzeigen. Vergleiche mit dem Pfad aus b).
    Nenne wesentliche Attribute von Dateien und Ordnern.

T2 Richtig oder falsch? Berichtige gegebenenfalls!
  a Ein innerer Knoten (Knoten mit mindestens einem Nachfolger) im Baumdiagramm entspricht immer einem Ordner im Dateisystem.
  b Ein Blatt im Baumdiagramm entspricht immer einer Datei im Dateisystem.
  c

T3 Methoden
  a Beschreibe den Unterschied zwischen dem Kopieren und Einfügen und dem Ausschneiden und Einfügen von Dateien.
  b Benenne unterschiedliche Möglichkeiten, um die Vorgänge Kopieren, Ausschneiden und Einfügen für eine Datei aufzurufen.

T4 Grundbegriffe
  a Erkläre knapp die Begriffe Objekt, Klasse, Attribut und Attributwert. Gib jeweils ein Beispiel an.
  b Erkläre an einem Beispiel den Unterschied zwischen Methode und Methodenaufruf.
  c Karl hat immer Schwierigkeiten bei der Punktnotation zwischen Attributen, Attributwerten und Methodenaufrufen zu unterscheiden. Erkläre ihm die Unterschiede.

Zum Weiterlesen

11 Aus der Praxis: Systemadministrator

„Ich heiße Florian Legne und bin Systemadministrator bei einer großen Bank. Zu meinen Aufgaben gehört beispielsweise, die Funktionsfähigkeit aller Computersysteme zu überwachen und bei Problemen wiederherzustellen. Auch verwalte ich große Datenmengen, die in einer Vielzahl von Ordnern auf unserem Zentralrechner gespeichert sind. Wichtig für uns ist dabei, dass die Daten von Mitarbeitern und Kunden nur jeweils für die Personen zugänglich sind, die auch damit arbeiten müssen. Dies lässt sich über Zugriffsrechte sicherstellen, die man für alle Ordner und Daten festlegen kann: Der Kunde darf nur über seine eigenen Daten informiert werden. Er darf seinen Kontostand aber nicht selbst verändern! Der Kassierer dagegen darf den Kontostand des Kunden verändern. Aber auch er hat kein uneingeschränktes Nutzungsrecht über die Daten der Bank. So kann er zwar abfragen, wie weit ein Kunde sein Konto überziehen darf. Diesen Wert kann er aber nicht ändern. Als wir unser Computersystem aufbauten, haben wir mehrere Jahre an der Sicherheit dieses komplizierten Systems gearbeitet."

1 Systemadministratoren nutzen meist mehrere Bildschirme

12 Betriebssysteme

Wenn du auf ein großes Festival oder ein Kirchweihfest gehst, dann erwartest du, dass es etwas zum Hören, zum Anschauen oder zum Essen gibt. Jede Bude und jedes Zelt haben einen bestimmten Platz und im Notfall soll ein Sanitäter zur Stelle sein. Es muss jemanden geben, der das Fest organisiert und die Beteiligten koordiniert, obwohl wir als Gäste diesen „Jemand" meist nicht sehen.
Soll das Arbeiten mit dem Computer reibungslos funktionieren, muss auch hier vieles koordiniert und organisiert werden.
Wenn du einen Computer einschaltest, dann erwartest du, dass ein Programm ausgeführt wird, das dir die Grundfunktionen anbietet wie das Starten (Ausführen) der vorhandenen Werkzeuge, zum Beispiel Textverarbeitungs- oder E-Mail-Programm. Zur Erledigung dieser und weiterer Aufgaben gibt es ein Basisprogramm, das automatisch beim Einschalten des Rechners gestartet wird und alle anderen Programme koordiniert. Dieses grundlegende Programm heißt **Betriebssystem** und hat neben dem Starten der Programme noch eine ganze Menge weiterer Aufgaben, die für uns Benutzer unsichtbar erledigt werden. Es koordiniert den Zugriff auf die an den Computer angeschlossenen Geräte wie Festplatte, Drucker oder Scanner. Da meistens mehrere Programme gleichzeitig betrieben werden (Beispiele: Anzeige der Uhrzeit, Textverarbeitungsprogramm, Dateiverwaltungsprogramm …), muss es sicherstellen, dass jedem Programm ein eigener Teil des Arbeitsspeichers zur Verfügung steht.
Arbeiten mehrere Leute an einem Computer, wie im Computerraum eurer Schule, muss das Betriebssystem auch sicherstellen, dass die Dateien eines Benutzers nicht (unerlaubterweise) von anderen Benutzern verwendet oder gelöscht werden. Dazu arbeitet es eng mit den Dateiverwaltungsprogrammen zusammen.

Zum Weiterlesen

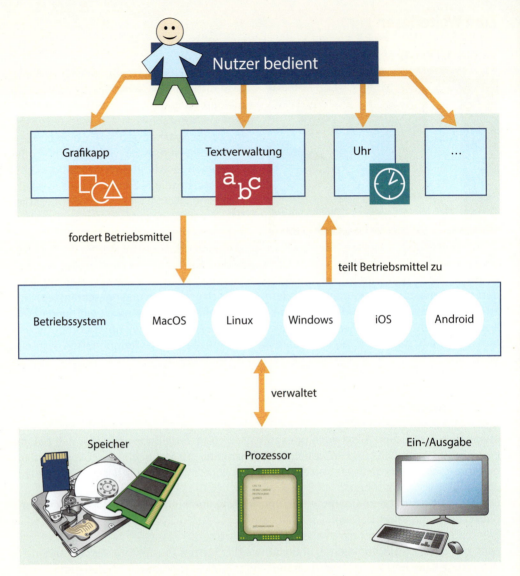

→ engl. RAM, random access memory: frei zugreifbarer Speicher

→ engl. ROM, read only memory: Speicher, aus dem nur gelesen werden kann

→ engl. to boot: jemanden oder etwas hart treten; hier: zur Arbeit anstoßen

Bei den heute üblichen Betriebssystemen mit grafischer Bedienoberfläche zählen die grundlegenden Grafikmethoden und insbesondere die Verwaltung der Fenster zum erweiterten Funktionsbereich des Betriebssystems.

Häufig eingesetzte Betriebssysteme sind Android, iOS, MacOS, Linux und Microsoft Windows.

Das Betriebssystem startet alle anderen Programme. Wer aber startet das Betriebssystem beim Einschalten des Computers? Wenn du den Computer einschaltest, beginnt der Prozessor an einer festgelegten Stelle des Arbeitsspeichers mit der Programmausführung. Diese Stelle ist kein Schreib-Lese-Speicher (→ RAM), sondern ein Nur-Lese-Speicher mit festem Inhalt (→ ROM). In diesem ROM ist ein kleines Programm enthalten, das auf fest vorgegebenen Geräten (Festplatte, USB-Stick, CD-Laufwerk) nach dem Betriebssystem sucht. Wenn es ein Gerät mit einem Betriebssystem gefunden hat, lädt es das Betriebssystem in den Arbeitsspeicher und startet es. Diesen Vorgang nennt man im Fachjargon → Booten des Rechners.

Werkzeugkästen zum Kapitel 1

Zum Kapitel 1 gibt es kein spezielles Werkzeug.

Werkzeugkästen zum Kapitel 2

W1 Aufbau der Oberfläche einer Grafiksoftware

Wenn du ein gängiges Grafikprogramm geöffnet hast, findest du eine Arbeitsfläche sowie mehrere Leisten vor (Abbildung 1).

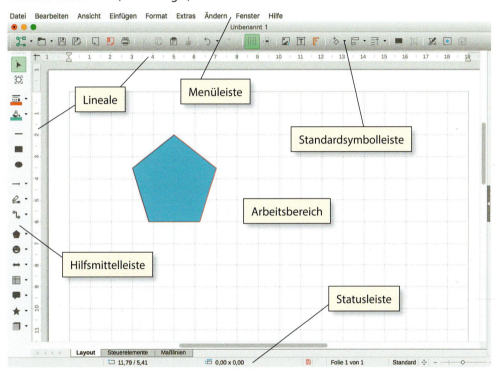

1 Oberfläche eines Grafikprogramms

Der **Arbeitsbereich** stellt die Fläche dar, auf der du deine Grafik erstellen kannst. Jeder Bildpunkt des Arbeitsbereichs lässt sich durch seine Lage in einem Koordinatensystem beschreiben, ähnlich wie in der Mathematik. Es bestehen jedoch einige Unterschiede:
- Achsen: Während im mathematischen Koordinatensystem Achsen eingezeichnet werden, um die Lage der Punkte zu bestimmen, hat ein Grafikprogramm Lineale (Abbildung 1). Die Mauskoordinaten und die Lage des ausgewählten Objekts kannst du in der Statusleiste sehen.
- Ursprung: Der Nullpunkt des mathematischen Koordinatensystems liegt links unten. Dagegen liegt der Ursprung in den meisten Grafikprogrammen links oben.

Die **Menüleiste** (mit den Menüs Datei, Bearbeiten, Ansicht …) enthält alle wichtigen Anweisungen.
Über die Schaltflächen in den **Symbolleisten** kannst du auch direkt eine Botschaft an die betroffenen Objekte senden, die dann die entsprechenden Methoden ausführen.

Werkzeugkästen zum Kapitel 2

Die **Standardsymbolleiste** (Abbildung 1, oben) stellt dir den Zugriff auf die wichtigsten Operationen für das Dokument zur Verfügung. Die folgenden Symbole findest du in ähnlicher Form in vielen Programmen wieder, auch in Textverarbeitungsprogrammen:

	Erzeugen eines neuen (Grafik-)Dokuments
	Öffnen eines bestehenden Dokuments
	Speichern eines Dokuments
	Drucken eines Dokuments
	Ausschneiden des ausgewählten Objekts aus dem Dokument
	Kopieren des ausgewählten Objekts aus dem Dokument in die Zwischenablage
	Einfügen eines zuvor kopierten/ausgeschnittenen Objekts aus der Zwischenablage in das Dokument

2 Schaltflächen aus der Standardsymbolleiste

Die Hilfsmittelleiste (Abbildung 1, links) gibt dir Hilfestellung zur Arbeit im Grafikdokument. Wichtige Elemente, die in praktisch allen Programmen auftauchen, sind hier:

	Auswahlwerkzeug: Damit kannst du Objekte durch Anklicken markieren, um sie anschließend zu bearbeiten.
	„Vergrößerungssymbol": Damit kannst du den Bildausschnitt vergrößern oder verkleinern.
	Klassensymbole: Wenn du eines dieser Werkzeuge anklickst, kannst du im Arbeitsbereich ein Objekt der entsprechenden Klasse erzeugen.
	Bei manchen Symbolen erhältst du eine zusätzliche Auswahl, indem du es länger anklickst (Aufroll-Menü). Das erkennst du an einem kleinen Dreieck rechts neben dem Symbol (zum Beispiel in der Abbildung bei der Raute, dem Smiley …).

3 Schaltflächen aus der Hilfsmittelleiste

Bei den Symbolen für Linienfarbe oder Füllfarbe erhältst du eine Farbpalette, aus der du Farben auswählen kannst. In der **Statusleiste** entdeckst du wichtige Attributwerte des Objekts, das du momentan bearbeitest.

Werkzeugkästen zum Kapitel 2

W2 Objekte mit Methoden verändern

Wenn du ein Objekt verändern willst, musst du es zunächst auswählen (aktivieren), indem du es mit dem Auswahlwerkzeug anklickst. Es erscheint dann eine Objekt-Umrandung aus mehreren Punkten.

Die Art, wie Methoden aufgerufen werden, ist von Programm zu Programm verschieden. Oft kann man ein Objekt mit der Maus anklicken (auswählen) und dann einen Dialog öffnen, in dem man die Werte aller Attribute angibt. Beim Schließen des Dialogs werden dann die entsprechenden Methoden zum Verändern der Attributwerte aufgerufen.

1 Ausgewähltes Objekt – Dialog

Beispiel: Das Objekt wird ausgewählt, darauf klappt man in der Menüzeile das Menü „Format" auf (Abbildung 1). Wählt man hier „Linie…" aus, so erscheint ein Eigenschaftsdialog für die Attribute der Begrenzungslinie des Rechtecks (Abbildung 2).

Du erkennst, dass sich der Dialog in die drei Reiter „Linie", „Linienstile" und „Linienspitzen" unterteilen lässt. Im Reiter „Linie" kannst du beispielsweise mit einem Aufklappfeld den Linienstil (durchgängig) und die Linienfarbe (light red) einstellen.

In einem Eingabefeld kannst du die Linienbreite bestimmen. Wenn du auf „OK" klickst, werden die Methoden zur Veränderung aufgerufen.

In anderen Dialogen wie „Fläche" oder „Position und Größe" (Abbildung 3, nächste Seite) kannst du die weiteren Attributwerte des Rechtecks einsehen und gegebenenfalls verändern.

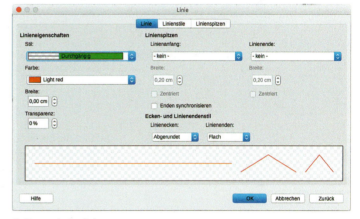

2 Eigenschaftsdialog

Die meisten Grafikprogramme kennen keine Kreise, sondern nur Ellipsen. Wenn du für einen Kreis Radius und Mittelpunkt vorgegeben hast, kannst du diese Werte beim Dialog „Position und Größe" gut eingeben. Du stellst als Bezugspunkt für die Positionsangabe nicht die linke obere Ecke ein, sondern den Mittelpunkt der Figur (siehe Abbildung 4, nächste Seite); als Höhe und Breite gibst du jeweils den Durchmesser ein (erinnere dich: Durchmesser ist doppelter Radius).

Häufig lassen sich die Eigenschaftsdialoge auch über einen Klick mit der rechten Maustaste aufrufen.

Die Tabelle auf der nächsten Seite stellt unsere Kurzschreibweise für Methoden, ihre Bedeutung und ihren Aufruf im Grafikprogramm gegenüber. Eine ähnliche Tabelle kannst du für das von dir benutzte Programm erstellen und dort die wichtigsten bzw. die von dir am häufigsten benutzten Methoden eintragen.

Werkzeugkästen zum Kapitel 2

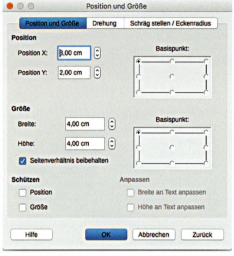

3 Eigenschaftsdialog Position und Größe

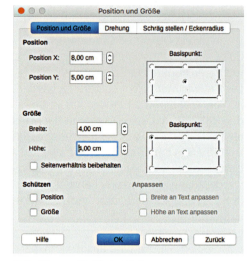

4 Position und Größe bei Kreisen

Methode	Arbeitsauftrag	Aufruf durch Menü	Aufruf durch Maus
FüllfarbeSetzen(hellgrün)	Setzt die Farbe auf den angegebenen Wert hellgrün.	Objekt auswählen → Format → Fläche… → Fläche → Farbe → light green	Objekt auswählen → rechter Mausklick → Fläche… → Fläche → Farbe → light green
BreiteSetzen(2)	Setzt die Breite auf den angegebenen Wert 2.	Objekt auswählen → Format → Linie… → Linie → Breite → 2	Objekt auswählen → rechter Mausklick → Linie… → Linie → Breite → 2

5 Methoden und verschiedene Zugriffswege darauf

Sehr häufig auftretende Botschaften können mit Tastenkombinationen ausgelöst werden:

Arbeitsauftrag	Aufruf durch Tastenkombination bei Windows/Linux	bei Mac OS
Kopiere	Strg-c	⌘-c
Schneide aus	Strg-x	⌘-x
Füge ein	Strg-v	⌘-v
Speichere	Strg-s	⌘-s
Wähle alles aus	Strg-a	⌘-a
Mach die letzte Aktion rückgängig	Strg-z	⌘-z

6 Wichtige Tastenkombinationen

Auf englischen Tastaturen heißt die Taste Strg (Steuerung) Ctrl (Control). Die Taste ⌘ auf den Apple-Tastaturen nennt man Befehlstaste oder cmd (command).

Werkzeugkästen zum Kapitel 2

W3 Typische Klassen in einem Zeichenprogramm

Die folgende Tabelle gibt dir einen Überblick über typische Klassen in einem Zeichenprogramm mit ihren wesentlichen Attributen und möglichen Attributwerten.

Klasse	Attribut	Beispiele für den Attributwert zugehöriger Objekte
LINIE	LinienArt	durchgehend, gestrichelt, feingestrichelt
	LinienStärke	0,1 mm, 2,0 mm
	LinienFarbe	rot, gelb, dunkelblau
	PositionX	3,46 cm
	PositionY	0,15 cm
	Höhe	0,00 cm
	Breite	2,00 cm
	StartpfeilArt	keiner, Pfeil, Kreis, Quadrat
	StartpfeilGröße	klein, mittel, groß
	EndepfeilArt	keiner, Pfeil, Kreis, Quadrat
	EndepfeilGröße	klein, mittel, groß
RECHTECK	Füllfarbe	rot, gelb, keine
	RandArt	durchgehend, gestrichelt, keiner
	RandStärke	1,0 mm, 2,0 mm
	RandFarbe	rot, gelb, dunkelblau
	PositionX	1,50 cm
	PositionY	1,00 cm
	Höhe	0,50 cm
	Breite	2,00 cm
ELLIPSE	Füllfarbe	rot, gelb, keine
	RandArt	durchgehend, gestrichelt, keiner
	RandStärke	1,0 mm, 2,0 mm
	RandFarbe	rot, gelb, dunkelblau
	PositionX	1,50 cm
	PositionY	1,00 cm
	Breite	1,00 cm
	Höhe	2,00 cm

Werkzeugkästen zum Kapitel 2

Klasse	Attribut	Beispiele für den Attributwert zugehöriger Objekte
TEXTFELD	Füllfarbe	weiß, keine
Hallo	RandArt	durchgehend, gestrichelt, keiner
	RandStärke	1,0 mm, 2,0 mm
	RandFarbe	schwarz, rot
	PositionX	1,50 cm
	PositionY	1,00 cm
	Höhe	2,50 cm
	Breite	6,10 cm
	Text	„Das ist ein wichtiger Hinweis."
	InnenrandOben	0,20 cm
	InnenrandUnten	0,20 cm
	InnenrandLinks	0,10 cm
	InnenrandRechts	0,10 cm

W4 Namenskonventionen

Viele Programme können Dateien mit verschiedenen Dokumententypen öffnen. Aber auch umgekehrt kann eine Datei mit einem bestimmten Dokumententyp in der Regel von mehr als einem Programm geöffnet werden.

Deshalb ist es nützlich, wenn jede Datei ein Attribut Typ hat, das angibt, welcher Typ Dokument in dieser Datei gespeichert ist. So kann jedes Programm im Öffnen-Dialog genau die Dateien anzeigen, die es auch öffnen kann.

Es ist für die Bedienung von Computern auch hilfreich, wenn jede Datei ein Attribut ProgrammZurBearbeitung hat, das angibt, mit welchem Programm das in ihr enthaltene Dokument bearbeitet werden soll. Dann kann der Benutzer mit einem Doppelklick auf das Dateisymbol das Programm zur Bearbeitung starten und gleichzeitig die Datei öffnen.

Bei Computern, die eine Version der Betriebssysteme Windows oder Linux verwenden, wird im letzten Teil des Dateinamens (der sogenannten Namenserweiterung nach dem „.") der Wert des Attributs Typ gespeichert. Deshalb muss man diese Endung immer korrekt angeben. Zur Unterstützung geben die meisten Programme im Speichern-Dialog die korrekte Namenserweiterung an. Achte darauf, dass du sie richtig abschreibst.

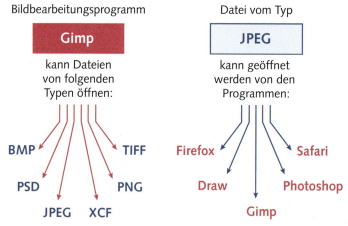

1 Dateityp und Bearbeitungsprogramm

Werkzeugkästen zum Kapitel 2

Manche Programme fügen die notwendige Namenserweiterung an den von dir angegebenen Dateinamen selbstständig an. Hier darfst du keine Namenserweiterung angeben. Pass also immer auf, was im Speichern-Dialog über die Namenserweiterung steht! Die Namenserweiterung wird bei Windows auch für die Entscheidung verwendet, welches Programm beim Doppelklick auf das Dateisymbol gestartet werden soll. Diese Zuordnung kann sich aber von Computer zu Computer unterscheiden.

Die folgende Tabelle gibt einen Überblick über einige gängige Namenserweiterungen:

Namens-erweiterung	Darstellungsform	Auswahl von Programmen zur Bearbeitung
.txt	Text ohne Formatierungen	Editor, Notepad, MS-Word, Lotus Word Pro, LibreOffice Writer
.htm, .html	Text im Hypertext-Format	Firefox, Safari, Chrome, Edge
.doc, .docx	Format von MS-Word	MS-Word, LibreOffice Writer
.odt	offenes Textformat	LibreOffice Writer, MS-Word
.pages	Format von Pages	Pages
.odg	offenes Grafikformat	LibreOffice Draw
.bmp	Bildformat BitMap	Paint, Gimp, Photoshop
.jpg, .png, .tif	Bildformat JPEG / PNG / TIFF	Gimp, CorelDraw, LibreOffice Draw, Photoshop
.wav	Audioformat wave	Quicktime Player
.pdf	offener Standard zum Dokumentenaustausch	Acrobat Reader

2 *Namenserweiterungen und passende Programme*

Bei Rechnern mit dem Betriebssystem Mac OS sind diese Attribute auch bei den anderen Dateiattributen gespeichert. Der Dateiname kann daher beliebig gewählt werden. Sind bekannte Endungen vorhanden, werden sie ebenfalls verwendet, um das Programm für die Bearbeitung auszuwählen.

117

Werkzeugkästen zum Kapitel 2

W5 Aufbau der Oberfläche einer Pixelgrafiksoftware

Pixelgrafikprogramme bieten wesentlich mehr Methoden zur Bearbeitung der Bilder als Vektorgrafikprogramme. Daher sind die Werkzeugleisten oft in eigene Fenster ausgelagert. Trotzdem ist die Bedienung der der Vektorgrafikprogramme sehr ähnlich.

1 Oberfläche eines Pixelgrafikprogramms

In der Mitte ist hier das zu bearbeitende Bild – der Arbeitsbereich – angeordnet. Links daneben befindet sich der Werkzeugkasten. Im oberen Teil ist eine Übersicht über die Werkzeuge angeben; darunter lassen sich Details für das jeweilige Werkzeug einstellen, zum Beispiel Größe, Härte und Form bei einem Pinsel oder Bleistift. Rechts ist die Übersicht über die Ebenen des Bildes. Hier lassen sich die Ebenen anordnen sowie für jede Ebene Werte wie Transparenz oder Sichtbarkeit einstellen.

2 Werkzeugkasten

Die Werkzeuge

Wichtige Werkzeuge sind:

	Erstellt eine rechteckige Auswahl oder fügt einen rechteckigen Bereich zu einer Auswahl hinzu.		Der Farbkübel färbt alle zusammenhängenden Pixel, die die gleiche Farbe haben wie das angeklickte Pixel, in der eingestellten Vordergrundfarbe ein.
	Erstellt eine elliptische Auswahl oder fügt einen elliptischen Bereich zu einer Auswahl hinzu.		Mit dem Bleistift lassen sich Linien in der Vordergrundfarbe zeichnen.

Werkzeugkästen zum Kapitel 2

	Der Zauberstab wählt einen Bereich mit der Farbe des angeklickten Pixels (oder auch ähnlichen Farben) aus oder er fügt einen solchen Bereich zur bestehenden Auswahl hinzu.		Mit dem Pinsel lassen sich Linien in der Vordergrundfarbe zeichnen; hier wird in der Regel eine größere Fläche mit weichen Rändern eingestellt, sodass ein Pinseleffekt entsteht.
	Stellt die Farbe des angeklickten Pixels als Vordergrundfarbe ein.		Mit dem Radiergummi können Teile des Bildes ausradiert werden.
	Mit dem Verschiebewerkzeug können Ebenen oder gerade eingefügte Elemente verschoben werden.		Mit dem Kopierstempel können beliebige Teile des Bildes an eine andere Stelle kopiert werden.
	Erlaubt das Einfügen von Texten in das Bild.		Zeigt links die Vordergrund- und rechts die Hintergrundfarbe an. Mit Klick auf die Flächen lassen sich die Farben einstellen.

Die Menüs

Weitere Methoden lassen sich über die Menüs aktivieren. Typisch für Pixelgrafikprogramme sind insbesondere das Bildmenü (Methoden für Bildgröße und -qualität), das Farbenmenü (Methoden zur Veränderung des Farbtons, der Helligkeit, der Farbkraft usw.) und das Filtermenü (komplexe Veränderungen des Bildes).

Bildbearbeitung auf Handy oder Tablet

Viele Bildverwaltungsprogramme bieten zusätzlich Möglichkeiten, die Bilder zu bearbeiten. Damit lassen sich nicht nur auf Desktopcomputern, sondern auch auf Handys und Tablets Pixelgrafikdokumente bearbeiten. Allerdings sind hier nicht so viele Methoden verfügbar wie bei den speziellen Pixelgrafikprogrammen.

Die Werkzeuge rechts außen von oben nach unten sind:
- automatischer Korrekturvorschlag,
- Größe und Drehung,
- Farbeffekte,
- Einstellungen (Helligkeit, Farbkraft).

3 Bildbearbeitung mit einem Programm auf dem Tablet

119

Werkzeugkästen zum Kapitel 3

Werkzeugkästen zum Kapitel 3

W6 Aufbau der Oberfläche einer Textverarbeitungssoftware

Wenn du ein Textverarbeitungsprogramm öffnest, erhältst du eine Oberfläche, die der eines Grafikprogramms in vielen Punkten ähnlich ist:

1 Oberfläche eines Textverarbeitungsprogramms

Wieder lässt sich die Oberfläche aufteilen in Menüleiste, Symbolleisten, Arbeitsbereich und Statusleiste. Zwischen Symbolleisten und Arbeitsbereich findest du außerdem ein Lineal. Die Menüleiste verfügt wieder über alle wichtigen Anweisungen zur Arbeit mit dem Dokument, das im Arbeitsbereich angezeigt wird. Unter dem Fenstertitel findest du die Standardleiste sowie die Formatleiste.

→ engl. to undo: etwas ungeschehen machen

→ engl. to redo: etwas wiederholen

- Als neue Symbole treten in der Standardleiste die Knöpfe ↶ und ↷ auf, die auch in vielen Grafikprogrammen zu finden sind. Mit dem ersten kannst du deine letzten Änderungen im Dokument, zum Beispiel das Einfügen eines Zeichens oder die Änderung der Schriftart, schrittweise rückgängig machen (→Undo-Knopf). Wenn dir nun einfällt, dass die Veränderung doch gut war, so kannst du sie durch Drücken des zweiten (→Redo-) Knopfes doch noch einmal durchführen.
- In der Formatleiste findest du zunächst drei Aufklappmenüs. Mit dem ersten kannst du dem aktuellen Absatz und den darin enthaltenen Objekten vordefinierte Attributwerte zuweisen. Dies erspart dir Arbeit, weil du nicht bei jeder Überschrift neu festlegen musst, dass der Absatz zentriert und die Zeichen fett und größer sind.

Die beiden anderen Menüs erlauben die Festlegung von Schriftart und Schriftgröße. Daneben findest du Symbole zur Formatierung von Zeichen und Absätzen:

Zeichen	Bedeutung
B *I* U S̶	Mit diesen Knöpfen kannst du den Wert der Attribute fett, kursiv, unterstrichen bzw. durchgestrichen festlegen.
T▾ ▿ ▾	Hier kannst du die Schriftfarbe und die Hintergrundfarbe deiner Zeichen verändern.
≡ ≡ ≡ ≡	Hier lässt sich die Ausrichtung des Absatzes auswählen. Momentan ist „linksbündig" eingestellt.
≡ ≡	Hier kannst du den linken Einzug deines Absatzes verkleinern bzw. vergrößern.

2 Schaltflächen aus der Hilfsmittelleiste

Werkzeugkästen zum Kapitel 3

In der Statuszeile findest du Informationen über das Dokument, wie etwa die Position, an der du dich befindest (im Beispiel: Seite 1 von 1), die Anzahl der Wörter und Zeichen im Text, die Art des Absatzes, in dem du dich befindest, sowie die für den Text eingestellte Sprache (Deutsch). Am Ende der Statuszeile kannst du den Anzeigemaßstab ablesen bzw. einstellen.

Die Tastenkombinationen für sehr häufig auftretende Botschaften, die du bei den Vektorgrafikprogrammen kennengelernt hast, kannst du auch bei Textverarbeitungsprogrammen verwenden.

W7 Zeichen einfügen und löschen

Willst du in dein Textdokument neue Zeichen einfügen, so musst du zunächst mit der linken Taste deiner Maus an die Stelle klicken, an der du arbeiten willst. Du siehst dann dort den blinkenden Cursor. Üblicherweise fügst du nun die gewünschten Zeichen über deine Tastatur ein. Vier weitere Tasten sind hier für das Schreiben mit Großbuchstaben sowie zum Verbessern falscher Zeichen sehr wichtig:

⇧	Drückst du die Umschalt-Taste und gleichzeitig eine Buchstaben-Taste, so erhältst du den zugehörigen Großbuchstaben. Bei den anderen Zeichentasten erhältst du noch weitere Zeichen. Beispiele: „⇧+1"=„!", „⇧+5"=„%", „⇧+."=„:".
⇧	Die Feststelltaste arbeitet wie die Umschalt-Taste; du bleibst aber im Großschreib-Modus, bis du ihn durch erneutes Drücken der Taste beendest. So kannst du mehrere Großbuchstaben hintereinander bequemer schreiben.
⌫ oder ←	Mit der Lösch-Taste kannst du Zeichen links von Cursor löschen und so Rechtschreibfehler beseitigen.
⌦ oder Entf	Mit der Entfernen-Taste (engl. delete) kannst du Zeichen rechts vom Cursor beseitigen.

1 Wichtige Tasten

Kommt es vor, dass du für einen Text besondere Zeichen benötigst, wie das Zeichen „à" oder das Symbol ☺, so findest du diese Zeichen meist im Menüpunkt „Einfügen → Sonderzeichen" bzw. „Einfügen → Symbol", der ein Fenster mit weiteren Zeichen öffnet.

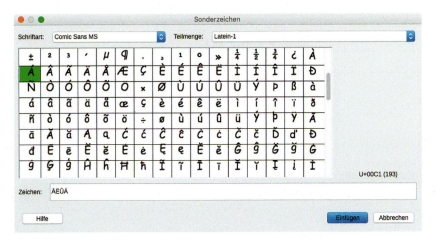

2 Auswahl von Sonderzeichen

121

Werkzeugkästen zum Kapitel 3

W8 Zeichenattributwerte verändern

Willst du die Gestalt deiner Zeichen verändern, so muss man zwei Fälle unterscheiden:

a Um **Zeichen** oder ganzen **Zeichenketten** eine neue Gestalt zu geben, musst du sie zunächst auswählen. Dazu klickst du auf das erste Zeichen der ausgewählten Zeichenkette und ziehst die Maus mit gedrückter linker Maustaste bis zum letzten Zeichen – oder umgekehrt. Nun kannst du die Methoden zum Setzen von Attributwerten aufrufen (siehe unten!).

b Um neue Zeichen mit anderen Attributwerten zu erzeugen, gehst du mit dem Cursor an die Stelle, an der du die Zeichen einfügen möchtest. Bevor du die neuen Zeichen schreibst, änderst du die Einstellungen der Attribute auf die von dir gewünschten Werte.

→ W1

→ W2

Wie auch bei den Grafikprogrammen ist der Aufruf von Methoden auf unterschiedliche Arten möglich. Du kannst die Attributwerte verändern, indem du die Formatsymbolleiste benützt. Führst du gleichzeitig mehrere oder auch kompliziertere Veränderungen durch, so kannst du auch den Dialog „Zeichen" über „Menüleiste → Format → Zeichen" oder über die rechte Maustaste aufrufen. Du stellst dann die gewünschten Attributwerte ein und rufst die Methoden zur Veränderung mit dem „OK"-Knopf auf. (Abbildung 1; mit den Registerkarten „Schrifteffekt", „Position", „Hyperlink", „Hervorhebung" und „Umrandung" kannst du weitere Attributwerte verändern.)

1 Registerkarte „Schrift" des Zeichendialogs

→ W2

Ausgewählte Zeichenketten kannst du auch wieder **ausschneiden**, **kopieren** und an anderer Stelle im Text **einfügen**. Wie bei Grafikprogrammen kannst du diese Vorgänge über die Menüleiste oder mit Tastenkombinationen aufrufen.

122

Werkzeugkästen zum Kapitel 3

W9 Absatzattributwerte verändern

Um die Attributwerte eines Absatzes zu verändern, gehst du mit dem Cursor an eine beliebige Stelle in diesem Absatz. Um mehrere Absätze gleichzeitig zu gestalten, wählst du alle betroffenen Absätze aus. In den Symbolleisten stehen dir hier nur sehr begrenzt Möglichkeiten zur Verfügung. Meist kannst du nur zwischen verschiedenen Absatzvorlagen wählen und die Ausrichtung bestimmen.

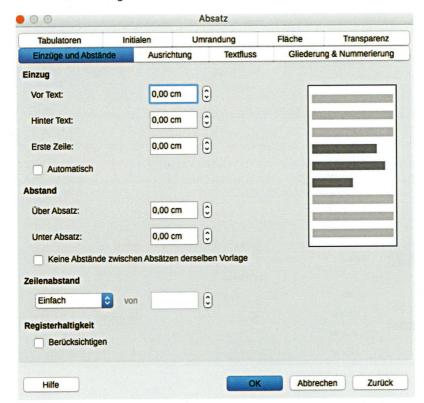

1 Dialog Absatz mit den Registerkarten „Einzüge und Abstände", „Tabulator" und weiteren

2 Vorlagen für Absatzformate

Willst du Absatzattributwerte über die Möglichkeiten der Formatsymbolleiste hinaus verändern, so kannst du den Dialog „Absatz" über „Menüleiste → Format → Absatz" oder über die rechte Maustaste aufrufen. Du erhältst dann einen Dialog wie den in Abbildung 1 dargestellten. Nachdem du die verschiedenen Attributwerte wie gewünscht festgelegt hast, rufst du die Methoden zur Veränderung auf, indem du auf OK klickst.
Für immer wieder gleiche Absätze wie Überschriften kannst du auch Formatvorlagen wie in Abbildung 2 verwenden.

Werkzeugkästen zum Kapitel 3

W10 Tabulatoren

Um von der momentanen Position eines Textes zur nächsten Tabulatorposition zu gelangen, fügst du mit der Taste →| ein Tabulatorzeichen ein.

Willst du zu den bestehenden Tabulatoren eines Absatzes neue hinzufügen, so gibt es dazu zwei Möglichkeiten:

a Links vom Lineal findest du einen Knopf, mit dem du die Art des Tabulators durch mehrfaches Anklicken auswählen kannst. Du findest hier die folgenden Symbole:

1 Symbole für die Ausrichtung von Tabulatoren

Durch Klicken an die gewünschte Stelle im Lineal kannst du den ausgewählten Tabulator dort setzen.

b Im Dialog zum Absatz gibt es eine Registerkarte „Tabulator". Dort kannst du die Tabulatoren setzen und zusätzlich auch Füllzeichen festlegen. Bequem ist diese Registerkarte insbesondere zur genauen Festlegung der Position eines Tabulators. Auch lassen sich hier überflüssige Tabulatoren leicht löschen.

2 Registerkarte „Tabulator" des Absatz-Dialoges

W11 Typische Klassen in einem Textverarbeitungsprogramm

Die folgende Tabelle gibt dir einen Überblick über typische Klassen in einem Textverarbeitungsprogramm mit ihren wesentlichen Attributen und möglichen Attributwerten.

Klasse	Attribut	Beispiele für den Attributwert bei zugehörigen Objekten
ZEICHEN	Inhalt	A, B, a, b, 1, 2, ?, !, #, +
	Schriftart	Times, Helvetica, Courier, Symbol
	fett	ja, nein
	kursiv	ja, nein

124

Werkzeugkästen zum Kapitel 3

Klasse	Attribut	Beispiele für den Attributwert bei zugehörigen Objekten
	schattiert	ja, nein
	Umriss	ja, nein
	durchgestrichen	ja, nein
	unterstrichen	nicht, einfach, doppelt, punktiert
	Schriftgröße	10 pt, 12 pt, 18 pt, 24 pt
	Schriftposition	+3 pt, +9 pt, −3 pt, −9 pt
	Laufweite	+0,2 pt, +0,6 pt, −0,1 pt
	Farbe	schwarz, rot, gelb, dunkelblau
	ausgewählt	ja, nein
ABSATZ	Ausrichtung	linksbündig, rechtsbündig, zentriert, Blocksatz
	EinzugLinks	0 cm, 1 cm, 2 cm, 1,5 cm
	EinzugRechts	0 cm, 1 cm, 2 cm, 1,5 cm
	EinzugErsteZeile	0 cm, 1 cm, 2 cm, 1,5 cm
	AbstandVor	0 cm, 1 cm, 2 cm, 3,5 cm
	AbstandNach	0 cm, 1 cm, 2 cm, 3,5 cm
	Zeilenabstand	10 pt, 12 pt, 24 pt
	ausgewählt	ja, nein
TABULATOR	Position	1 cm, 2 cm, 1,5 cm
	Ausrichtung	links, rechts, zentriert, dezimal
	Füllzeichen	ohne, Punkt, Strich
TEXT-DOKUMENT	Titel	Brief an Oma
	Autor	Maxi
	Papierformat	DIN A4, DIN A5, US Letter
	SeitenrandOben	1,5 cm
	SeitenrandUnten	2,5 cm
	SeitenrandLinks	2,0 cm
	SeitenrandRechts	2,0 cm
	Bundsteg	1 cm

Werkzeugkästen zum Kapitel 4

Werkzeugkästen zum Kapitel 4

W12 Erstellen einer Präsentation

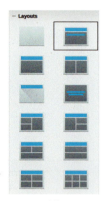

1 Auswahl einer Entwurfsvorlage

Sicher findest du dich mit deinen bisherigen Erfahrungen im Präsentationsprogramm an deiner Schule schnell zurecht. Programmassistenten helfen dir bei vielen Teilaufgaben. Beim Erstellen eines neuen Dokuments kannst du aus vorhandenen Entwurfsvorlagen auswählen und so den typischen Aufbau deiner Folien bestimmen. Wenn du später eine neue Folie anlegst, wird sie nach dieser Vorlage erzeugt. Du sparst durch die sinnvolle Wahl hier Arbeit, da du nicht jedes Textfeld von Hand erzeugen musst. Wenn du auf deinen Folien verschiedenartige Objekte (Texte, Grafiken, Bilder) hast bzw. der Aufbau der Folien nicht immer der gleiche ist, dann schränkt dich die leere Formatvorlage (Abbildung 1 links oben) am wenigsten ein.

Es wird dir keine große Mühe bereiten, in deinem Multimediadokument Textfelder, Grafiken und Bilder einzufügen und zu gestalten.

Neu ist hingegen die Methode *Einblenden(Art)*. Die Angabe der Einblendungsart findest du in gängigen Programmen unter Menüpunkten wie „Benutzerdefinierte Animation" oder „Effekt" (Abbildung 2).

Du musst zunächst festlegen, welche Objekte deiner Folie eingeblendet werden sollen und welche von Anfang an sichtbar sind. Auch die Reihenfolge des Erscheinens kann hier eingestellt werden. Die Einblendungsart kannst du auf vielfältige Weise verändern. Du musst dir unter anderem überlegen:

- Aus welcher Richtung soll das Objekt eingeblendet werden?
- Soll das Objekt bei Mausklick oder zu einer festgelegten Zeit eingeblendet werden?
- Erscheinen bei einem Textfeld die Zeichen zusammen oder nacheinander, wortweise oder zeichenweise?
- Können Klänge beim Erscheinen die Präsentation sinnvoll unterstützen? (In der Regel tun sie das nicht!)
- Wie sollen Folien erscheinen bzw. ausgeblendet werden (Folienübergang)?

Um sich mit diesen vielen Möglichkeiten auszukennen, hilft nur eins: AUSPROBIEREN!

2 Dialog zum Einblenden von Objekten

3 *Dialog zum Einblenden von Objekten (anderes Programm)*

Wenn du viele Folien in einem Multimediadokument erstellt hast, empfiehlt es sich, in der Folienübersicht (Abbildung 4) die Reihenfolge zu kontrollieren und falls nötig durch einfaches Verschieben zu verändern.

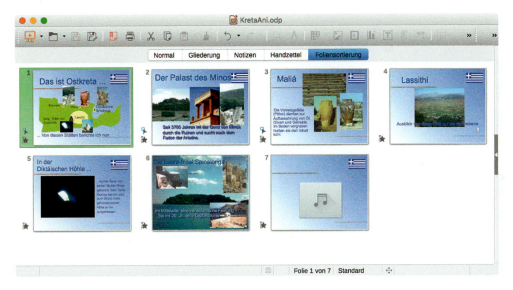

4 *Folienübersicht*

W13 Vorführen einer Präsentation

Da sich ein Vortragender vor allem auf den Inhalt seines Vortrages konzentrieren muss, ist die technische Handhabung beim Vorführen besonders einfach. Mit dem Menüpunkt „Bildschirmpräsentation → Start mit erster Folie" wird in den Vortragsmodus umgeschaltet und die Präsentation gestartet. Durch Drücken der linken Maustaste oder der Leerzeichentaste der Tastatur kannst du das nächste Objekt deiner Folie bzw. die nächste Folie erscheinen lassen.

Mithilfe der Pfeiltasten ← und ↑ auf der Tastatur wird die Einblendung des letzten Objekts rückgängig gemacht. Dies ist praktisch, wenn du vergessen hast, etwas zu erzählen.

Häufig kann man auch mit der rechten Maustaste ein Menü öffnen, das es erlaubt, zu einer beliebigen Folie deines Dokuments zu wechseln.

Werkzeugkästen zum Kapitel 5

W14 Aufbau der Oberfläche eines Dateiverwaltungsprogramms

→ Beachte: Dateiverwaltungsprogramme sind stark vom Betriebssystem und eventuell sogar seiner Version abhängig.

Wenn du ein Dateiverwaltungsprogramm unter dem Betriebssystem Windows → öffnest, erhältst du wie bei den anderen Programmen eine Oberfläche mit Menüleiste, Symbolleisten, Statusleiste und den zweigeteilten Arbeitsbereich.

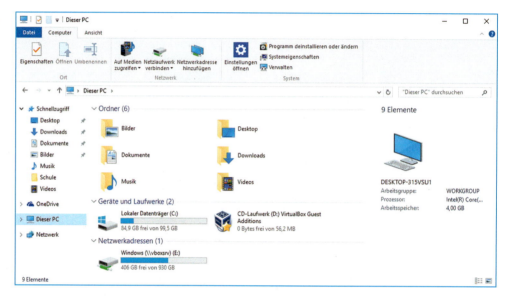

1 Oberfläche eines Dateiverwaltungsprogramms

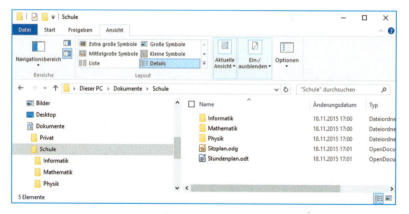

2 Ordneransicht

Im linken Teil des Arbeitsbereiches ist die Struktur der Daten deines Rechners (Arbeitsplatz) zu sehen. Dort sind alle für dich wichtigen Ordner aufgeführt; ausgewählt ist hier die Ansicht für den gesamten Rechner. Auf der rechten Seite sind die Details dargestellt. Oben findest du die Symbole für die zentralen Ordner, darunter findest du die verschiedenen **Laufwerke**. Bei Windows hat jedes Laufwerk einen Buchstaben als Namen (Abbildung 1). Das Festplattenlaufwerk hat den **Laufwerksbuchstaben** C und das CD-Laufwerk den Laufwerksbuchstaben D (im Laufwerk D befindet sich gerade eine Installations-CD). Weitere Laufwerke können mit Ordnern auf anderen Rechnern verbunden sein, wie hier das Laufwerk E.

128

Werkzeugkästen zum Kapitel 5

Du kannst dir jedes Laufwerk wie einen Schrank in einem Büro vorstellen, in dem sich viele Ordner befinden.

Möchtest du den Inhalt eines Ordners sehen, musst du den **Ordner öffnen**. Dies ist möglich durch einen Einfachklick im linken Teil des Arbeitsbereiches oder durch einen Doppelklick im rechten Teil des Arbeitsbereichs. In der Kopfzeile wird der Pfad zu diesem Ordner angezeigt und im rechten Teil ist der gesamte Inhalt des offenen Ordners zu sehen (Abbildung 2).

Du kannst den Inhalt des PCs bzw. Ordners in verschiedenen Ansichten darstellen. Wenn du den Reiter „Ansicht" aktivierst, bekommst du die verschiedenen Möglichkeiten angeboten.

Folgende neue Symbole gibt es in der Symbolleiste eines Dateiverwaltungsprogramms:

↑	Wechsel in den übergeordneten Ordner (im zugehörigen Baumdiagramm gelangst du zum nächst höher gelegenen Knoten).
Mittelgroße Symbole	Ansicht der Ordner und Dateien mit großen Symbolen
Kleine Symbole	Ansicht der Ordner und Dateien mit kleinen Symbolen
Liste	Ansicht der Ordner und Dateien als Liste
Details	Ansicht der Ordner und Dateien mit Details. Das heißt, auch die Werte der Attribute wie Größe oder Änderungsdatum werden angezeigt.
Kacheln	Ansicht der Ordner und Dateien in Kacheln

3 Schaltflächen

Hinweise:
- Durch einen Klick auf das Symbol ← kannst du in den zuvor angezeigten Ordner wechseln. Bei dieser Art von Ordnerwechsel verliert man jedoch sehr schnell den Überblick über die hierarchische Struktur!
- Die Größen der markierten Dateien oder Ordner sind auch in der Statusleiste zu sehen.

Alle wichtigen Anweisungen kannst du auch über die Menüleiste geben.
Auch können Tastenkürzel die Arbeit mit Dateisystem und Programmen abkürzen.

Arbeitsauftrag	Aufruf durch Tastenkombination	
	bei Windows/Linux	bei Mac OS
Dateisystemfenster öffnen	WIN-e	⌘-n
Desktop anzeigen	WIN-d	F11
Programm beenden	Alt-F4	⌘-q
Anwendung wechseln	Alt-Tab	⌘-Tab

129

Werkzeugkästen zum Kapitel 5

W15 Wichtige Methoden in einem Dateiverwaltungsprogramm

Ordner erstellen
Überlege zunächst, wo der neue Ordner erstellt werden soll, zum Beispiel auf der obersten Ebene des Laufwerks C oder dem Ordner „Schule" (Abbildung 1 in Werkzeugkasten 14) untergeordnet. Öffne das Ziellaufwerk bzw. den Zielordner. Erstelle dann den neuen Ordner entweder mit der Menüleiste über „Datei → Neu → Ordner" oder durch einen Klick mit der rechten Maustaste im rechten Teil des Arbeitsbereiches und dann ebenfalls durch Auswahl von „Neu → Ordner". Anschließend musst du dann dem Ordner einen eindeutigen Namen geben.

Ordner bzw. Dateien kopieren bzw. verschieben
Hier gibt es fast keinen Unterschied zu Grafik- bzw. Textverarbeitungsprogrammen:
- Auswählen.
- Methodenaufruf *Kopieren* bzw. *Verschieben* über die Menüleiste, die Symbolleiste oder durch einen Klick auf die rechte Maustaste
- Zielordner auswählen und öffnen.
- Methodenaufruf *Einfügen* wieder über die Menüleiste, die Symbolleiste oder durch einen Klick auf die rechte Maustaste

! **Hinweis:** Du kannst Dateien und Ordner auch direkt mit der Maus in den Zielordner „ziehen". Du solltest dies jedoch immer mit der rechten Maustaste tun, denn nur dann wirst du gefragt, ob du die Dateien bzw. Ordner kopieren oder verschieben möchtest. Da dies ein wesentlicher Unterschied ist, ist es sehr wichtig, darüber nachzudenken.

Ordner bzw. Dateien löschen
Auch dies ist dir nicht neu: Mit der Maus kannst du die gewünschten Dateien und Ordner auswählen. Nun kannst du die Methode *Löschen* aufrufen. Dazu kannst du die Menüleiste nutzen oder mit der linken Maustaste auf das Symbol ✖ klicken oder auf die „Entfernen"-Taste deiner Tastatur drücken.
Hast du eine Datei aus Versehen gelöscht, gibt es noch eine Möglichkeit, sie wieder zu erhalten: Die Datei wird nicht sofort von der Festplatte gelöscht, sondern zunächst nur in den Papierkorb verschoben. Von dort kannst du die Datei wiederherstellen. Erst wenn du den Papierkorb leerst, sind alle Dateien und Ordner darin gelöscht.

Ordner bzw. Dateien umbenennen
Du kannst den Attributwert des Attributs Ordnername bzw. Dateiname ändern, indem du den Ordner bzw. die Datei auswählst und nochmals auf den Namen klickst. Du kannst auch die Methode *Umbenennen* über die Menüleiste „Datei → Umbenennen" oder über einen Klick mit der rechten Maustaste aufrufen und dann den neuen Namen eingeben.

Öffnen von Dateien
Du kannst Dateien direkt durch einen Doppelklick auf ihr Symbol öffnen. Welches Programm zum Öffnen vorgesehen ist, erkennst du an dem Symbol.

Lösungen zu „Teste dich selbst!"

Aufgaben in Kapitel 1

T1 *waagrecht*
uebertragen, Information, darstellen, Computer, Informatik, Maschine, Programm
senkrecht
PC, verarbeiten, Rechner, speichern

T2 a  **b**

T3 Zusammenhänge: Es kommt nur ein Teil der Information beim Empfänger an. Die Wahl der richtigen Darstellung beeinflusst, wie viel Information beim Empfänger ankommt. Text und Diagramm sind Darstellungen der gleichen Information.

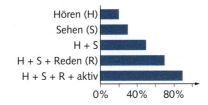

T4 Darstellung von Information (Texte schreiben, Bild zeichnen …),
Verarbeitung von Information (Foto bearbeiten, Taschenrechner …),
Speicherung von Information (Bild- oder Textdatei speichern …),
Übertragung von Information (E-Mail versenden, Webseiten betrachten …)

Aufgaben in Kapitel 2

T1 a

Schrank1: SCHRANK
Höhe = 2 m
Farbe = weiß
Zweck = Kleiderschrank

Buch1: BUCH
Titel = Informatik 1
Verlag = Oldenbourg
Sprache = deutsch

b

RADIOWECKER
Lautstärke
Weckzeit
RadioAnschalten()

Deckenleuchte: LAMPE
Zustand = leuchtend
Maximalleistung = 20 W

Lösungen

T2 a

Klasse	Bauplan eines Objekts
Attribut	Merkmal
Methode	Fähigkeit eines Objekts
Objektbezeichner.Methodenname(wert)	Punktschreibweise für Methoden
Attributwert	momentaner Wert des Merkmals
Objektbezeichner.Attribut = wert	Punktschreibweise für Attribute
Objektbezeichner: KLASSENNAME	Punktschreibweise für Klassen
Objektbezeichner	eindeutiger Name eines Objekts

T3 a zum Beispiel:
Kopf.Füllfarbe = orange;
TischfußVorneLinks.Füllfarbe = grau;
KopfImBild.Höhe = 6 mm

b zum Beispiel:
TischfußVorneRechts.FüllfarbeSetzen(qrau);
WasserImGlas.FarbeSetzen(hellblau);
Kopf.RadiusSetzen(7 mm);
AugeImBild.FüllfarbeSetzen(türkis)

T4 Klassenkarte:

RECHTECK
Füllfarbe Höhe
FüllfarbeSetzen(wert)

Objektkarte:

Tisch: RECHTECK
Füllfarbe = "gelb" Höhe = 5 cm

T5 Bestandteile:
Vektorgrafik – geometrische Grundformen (Rechteck, Linie, …) mit typischen Attributen wie Breite, PositionX, Linienform, …;
Pixelgrafik – Bildpunkte (Pixel), die in einem Raster angeordnet sind und als Attribute Rot-, Grün- und Blau-Anteil haben.
Vektorgrafiken können beliebig vergrößert werden, ohne ein rasterartiges Aussehen anzunehmen.
Bei Pixelgrafiken kann jeder einzelne Pixel bearbeitet werden.
Anwendungsbereiche:
Pixelgrafiken – zum Beispiel Fotos
Vektorgrafik – zum Beispiel Logos

Lösungen

Aufgaben in Kapitel 3

T1 Klasse ZEICHEN
AusrichtungRechts und EinzugErsteZeile sind Attribute des Absatzes; InhaltSetzen(wert) ist in Textverarbeitungsprogrammen unmöglich – man muss ein Zeichen löschen und durch ein anderes ersetzen;
die Beziehung ist komplett falsch herum.

Klasse ABSATZ
Zeichen ist kein Attribut;
Unterstrichen ist ein Attribut des Zeichens.

Der Inhalt eines Zeichens wird beim Erzeugen des Zeichens festgelegt. Danach ist ein Verändern des Inhalts des Zeichens im Gegensatz zu Schriftart, Schriftgröße, … nicht mehr möglich, eine Methode InhaltSetzen(Wert) also nicht mehr aufrufbar.

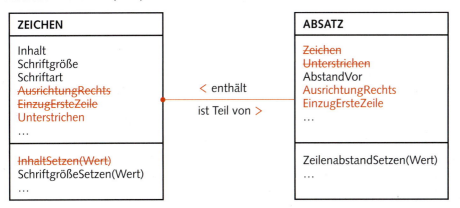

T2 Da sich alle Aufrufe auf das gleiche Zeichen beziehen, wird auf die Punktschreibweise verzichtet.
- SchriftgrößeSetzen(14) (konkreter Zahlenwert nicht entscheidend)
- FettSetzen(wahr)
- KursivSetzen(wahr)
- InhaltSetzen(B) – unmöglich!
- SchriftfarbeSetzen(rot)
- UnterstrichenSetzen(wahr)
- SchriftpositionSetzen(6)

T3 Ausrichtung: zum Beispiel Überschrift zentriert, Datum rechts
EinzugErsteZeile: Hervorheben des Absatzbeginns
AbstandVor: Abgrenzung der Absätze
Zeilenabstand: Vergrößerung; zum Beispiel zur Korrektur von Hand in einem Aufsatz

T4 a, b, d offene Aufgaben zur Diskussion, Antwort abhängig vom konkreten Beispiel
c Absätze gliedern einen Text nach Sinnzusammenhängen, man muss ihn deshalb lesen.
e Zum Einrücken benutzt man die Ausrichtung sowie die Einzugs-Attribute.

Lösungen

T5 a

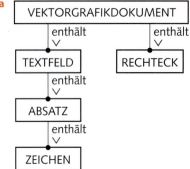

Im Vektorgrafikdokument sind die Textfelder eigenständige Objekte.

b

PIXELGRAFIKDOKUMENT
enthält
PIXEL

Im Pixelgrafikdokument gibt es nur Objekte der Klasse PIXEL.

T6 a Attribute: Zeilenabstand, Schriftart, fett
Klassen: ABSATZ, ZEICHEN
Attributwert: linksbündig, 1 cm, einfach

b Absatz1.Zeilenabstand = 12 pt
Absatz1.AusrichtungSetzen(Blocksatz)

c

Aufgaben in Kapitel 4

T1 Design und Animation sollen anregend wirken und den Vortrag unterstützen, nicht von ihm ablenken. Geeignet gewählte Bilder sagen oft mehr als Worte, zu viele davon können eine Folie aber auch unübersichtlich machen. Text sollte sparsam eingesetzt werden, häufig in Form von Stichpunkten.

T2 a

b Die Behauptung ist falsch, da die Zeichen nicht unmittelbar in der Folie enthalten sind.

T3 a Objektbezeichner: KLASSENNAME, z. B.: Textfeld1: TEXTFELD
b Objektbezeichner.Attribut = Wert, z. B.: Textfeld1.Hintergrundfarbe = gelb
c Objektbezeichner.Methodenbezeichner(Wert), z. B.: Textfeld1.BreiteSetzen(7)

Lösungen

T4 a Name des Urhebers: Micha L. Rieser
b Pfeilgiftfrosch: Nutzungsrecht Creative Commons BY-SA
Das Bild darf bei Nennung des Urhebers unter der gleichen Bedingungen weitergegeben werden, sowohl im Unterricht als auch im Internet.
Der Palast des Minos: Im Unterricht darf ein kleiner Teil eines Werkes (maximal 10 % oder 20 Seiten) verwendet werden, so auch das Bild. Eine Veröffentlichung im Internet ist verboten.

Aufgaben in Kapitel 5

T1 a, b

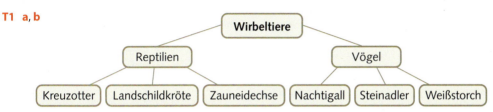

Wurzel: Wirbeltiere (spezieller Knoten)
Blatt: Kreuzotter (spezieller Knoten)
Pfad: Wirbeltiere/Reptilien/Zauneidechse
c Praktische Aufgabe; Attribute vergleiche Kap. 5.3, Abbildung 2 und 5.

T2 a wahr
b falsch
Auch ein leerer Ordner entspricht einem Blatt.
c Die rekursive Beziehung gehört zur Klasse ORDNER.
Die Punkte („kein, ein oder mehrere") gehören bei beiden Beziehungen an das andere Ende.

T3 a Ausschneiden entfernt die Datei im Ursprungsordner und fügt sie im Zielordner ein.
Kopieren erstellt ein Duplikat und fügt dieses im Zielordner ein.
b • Symbolleiste
• Tastaturkürzel (Abbildung 5 im Werkzeugkasten 2)
• Kontextmenü (Klick mit rechter Maustaste)

T4 a Objekt: „Baustein" eines Dokuments
Klasse: Bauplan für Objekte
Attribut: Merkmal eines Objekts
Attributwert: Wert des Merkmals

b Methode ist die (schlummernde) Fähigkeit eines Objekts, zum Beispiel:
KopfNicken(Anzahl) Klasse MENSCH

Methodenaufruf ist der Befehl an ein Objekt, die Methode auszuführen:
Verena.KopfNicken(2)

c Objektname.Attributname = Attributwert
zum Beispiel: Rechteck1.Randfarbe = blau

Objektname.Methodenname(Wert)
zum Beispiel: Rechteck1.RandfarbeSetzen(rot)
Methoden und Methodenaufrufe haben immer ein Klammerpaar!

Stichwortverzeichnis

A
Absatz 64, 82
absoluter Pfad 104
Achse 111
App 12
ASCII 82
Attribut 19
Attributwert 19
Auflösung 42
Ausrichtung 65
ausschneiden 29

B
Baumdiagramm 97
Bearbeitungsmodus 86
Bedienoberfläche 12
Betriebssystem 109
Bezeichner 19
Bildpunkt 40
Blatt 97
Booten 110
Botschaft 27

C
CMYK 54
Creative Commons 89

D
Darstellung von
    Information 11
Datei 24
Dateisystem 101
Dateityp 25
Dateiverwaltungssystem 102
Dokument 24
DPI 42

E
Einblenden 87
einfügen 29
Einzug 65, 82
Enthält-Beziehung 70
erweiterte
    Objektschreibweise 35
erweiterte Punktnotation 70

F
Folie 85
Foliengestaltung 89

G
gruppieren 71

H
Hauptordner 103
hierarchische Struktur 95

I
Informatik 11
Information 9
Information darstellen 9
Information speichern 10
Information verarbeiten 9

K
Kamelhöckerschreibweise 21
Kante 97
Klasse 34
Klassendiagramm 70
Klassenkarte 35
Knoten 97
kopieren 29

L
Lizenz 89

M
Methode 27
Methode aufrufen 28
Methode ausführen 28
Methodenaufruf 28
Multimediadokument 84

N
Notation 20

O
Objekt 19
Objektdiagramm 69
Objektkarte 35
Objektname 19
Ordner 103

P
Pfad 98, 104
Pixel 40
Pixelgrafik 40
Pixelgrafikdokument 40
Präsentation 84
Programm 12
Projektablauf 89
Projektplanung 89
Punktdichte 42
Punktnotation 20
Punktschreibweise 20

R
Raster 42
rekursive Beziehung 103
relativer Pfad 104
Repräsentation 11

S
Schriftart 58
Schriftfarbe 58
Schriftgröße 58, 81
Schriftstil 56, 82
speichern 24

T
Tabulator 75
Transparenz 43

U
Unicode 83
Urheberrecht 89
Ursprung 111

V
Vektorgrafik 40
Vektorgrafikdokument 40
Vorführmodus 86
Vortrag 89

W
Wurzel 97
Wurzelordner 104

Z
Zeichen 56
Zeichenkette 58
Zeilenabstand 65
zusammengesetztes
    Objekt 70
Zwischenablage 29